DU MÊME AUTEUR

Madame et le management, Ed. Tchou.
Madame et le bonheur, Ed. Laffont.
Je veux rentrer à la maison, Ed. Grasset.
Ça va les hommes?, Ed. Grasset.

Christiane Collange

LE DIVORCE BOOM

LIBRE
EXPRESSION

Maquette de la couverture:
France Lafond

© Éditions Libre Expression, 1983

Dépôt légal:
1er trimestre 1983

ISBN 2-89111-130-3

I

Statistiquement significative

Lumineux, agaçant, notre destin s'inscrit toujours dans les statistiques démographiques. Ces dernières nous démontrent *a posteriori* que nos choix, nos comportements, nos modes de vie, nos risques et nos chances n'ont représenté qu'une série de soumissions à la loi des grands nombres.

Dans mon cas, c'est flagrant.

Moi qui me croyais unique et libre, je suis statistiquement significative. Je ressemble comme un point sur une courbe à la majorité des femmes de ma génération, celles qui ont commencé leur vie adulte dans les années soixante. En France, mais aussi dans la plupart des nations du monde occidental, depuis le berceau je normalise.

Vie professionnelle active: pas étonnant, la majorité des femmes entre 25 et 55 ans exercent désormais une activité rémunérée, la plupart, comme moi, dans le secteur tertiaire. Choix du conjoint dans le même milieu social et au même niveau d'instruction: classique. Nombre d'enfants, quatre: un peu supérieur à la moyenne, mais cohérent avec le baby-boom qui a suivi la Deuxième Guerre mondiale. Bref, ma vie que j'espérais un tant soit peu personnelle et originale se révèle au bout du compte d'une stupéfiante conformité.

Pas étonnant, dans ces conditions, que j'aie divorcé.

En préparant ce livre, je me suis rendu compte que j'avais tous les stigmates sociologiques d'une épouse à hauts risques. Mariage très jeune, avant 21 ans, conjoint de moins de 25 ans, enfants non planifiés venus plus tôt que souhaité, habitant une région urbaine, diplômée d'études collégiales, exerçant une activité professionnelle, j'avais, dès cette époque, une chance sur trois de ne pas garder toute ma vie la même bague au doigt. Aujourd'hui, une jeune femme présentant les mêmes caractéristiques socio-culturelles courrait des risques encore plus élevés: une chance sur deux de divorcer, voire davantage.

Toujours correcte démographiquement parlant, je me suis remariée dans les trois ans qui ont suivi mon divorce — suivant les cas, et sans grande variation dans le temps, un peu plus de trois divorcés sur cinq se remarient[1]. Avant de dire oui pour la seconde fois, j'avais cohabité deux ans avec mon «fiancé» et obtenu la garde de mes enfants. Comme tout le monde.

Seule atypie dans mon curriculum: un deuxième divorce, dix-huit ans plus tard. Là, j'échappe aux statistiques. Pour une raison simple: les démographes français ne se sont pas encore penchés sur les données chiffrées de la multi-divorcialité, phénomène trop marginal, ou trop récent encore, pour leur permettre de dégager des tendances significatives.

Les appels de notes renvoient en fin de volume aux notes qui ont été regroupées par chapitre.

Plus pratiquants et par conséquent plus experts en la matière, les Américains ont étudié les rechutes de la maladie conjugale. Leurs conclusions m'ont permis de m'apercevoir que cette seconde rupture était mathématiquement plus prévisible qu'elle ne m'a semblé l'être affectivement. Parmi les divorcés-remariés, aux États-Unis, 38% récidivent[2].

Sans avoir honte de mon état civil, je n'en éprouve pas non plus la moindre fierté. N'étant ni Elizabeth Taylor, ni Eddie Barclay, je n'ai jamais pensé que les collections de conjoints doivent être ostensiblement ouvertes au public. Ce n'est donc pas par exhibitionnisme que je vous ai résumé d'emblée ma carrière conjugale, mais pour me situer par rapport à ce livre.

J'ai eu envie de l'écrire parce que l'éclatement d'un couple, puis d'un deuxième, ont représenté dans ma vie des événements capitaux, des décisions lourdes à prendre, des conséquences presque impossibles à prévoir pour mes enfants, des moments douloureux à traverser, mais aussi des occasions inespérées de me retrouver, des libérations vis-à-vis de situations bloquées et intolérables, des découvertes d'horizons nouveaux. Parce que, comme tous ceux qu'a secoués la tempête d'une rupture de vie commune, j'ai pleuré, transigé, crié, pardonné, exigé, discuté, refusé le dialogue, supplié de parler, l'envie m'est venue de comprendre. Parce que j'ai été tout à la fois incohérente, lucide, attendrie, sans pitié, excédée, patiente, tendre, brutale, hésitante, décidée, coupable et victime, j'ai voulu savoir si les aventures des autres ressemblaient aux miennes.

Essai sur le divorce «normal»

On ne fait pas table rase de son vécu personnel avant d'écrire: ce livre n'est donc pas une enquête impartiale, même si je la souhaite objective.

J'ai tenté de faire un essai sur le divorce *normal*, celui qui se passe entre gens *normaux*, parce que je suis persuadée que la débâcle d'un couple ne prouve rien quant à la qualité des deux individus qui le constituaient. Même si, à un moment ou à un autre du scénario, les protagonistes ne peuvent s'empêcher de penser et de déclarer à qui veut les entendre — comme à qui n'a justement aucune envie d'en entendre parler — que l'Autre est un fou, une chipie, un monstre, une brute, une salope, un névropathe, une hystérique, un mythomane, une nymphomane, un infantile ou un ignoble personnage. Cela aussi est *normal*. Dans la mesure où la normalité peut être définie comme l'ensemble de sentiments et de comportements pouvant être partagés par la grande majorité des êtres humains, le divorce apparaît comme un événement parfaitement *normal* dans la vie d'un couple. C'est peut-être l'inverse qui constitue un exploit notable. Nous y reviendrons.

Je ne m'appesantirai donc pas sur deux catégories de ruptures qui n'entrent pas vraiment dans le cadre *normal*: les divorces-faits divers et les divorces-gadgets.

• *Les divorces-faits divers*: histoires horribles avec coups et blessures, perversions graves, enfants martyrs, parents indignes et femmes battues, sont presque toujours liés à l'alcoolisme. Ne pas croire que les drames de la violence et de l'alcoolisme n'interviennent que dans les milieux les plus défavorisés. Un avocat m'a affirmé qu'il avait chaque année à traiter ce genre d'affaires dans sa clientèle sélecte. Les coups partent tout aussi vite en haut de l'échelle sociale, mais la peur du scandale leur sert de silencieux.

99% des demandes de divorces pour violences et alcoolisme émanent de femmes. Les femmes boivent aussi, mais elles ne cognent pas. Dans le cas de violences, les victimes n'ont généralement pas le temps de mûrir leur décision, de préparer leur séparation, de préserver l'avenir de leurs enfants. Pour sortir de l'enfer, quand elles en ont la force, elles font souvent appel à la solidarité sociale, aux forces publiques et à la justice. Dans leur cas, la séparation ne se discute même pas, elle représente la seule garantie de survie morale, physique aussi, hélas!

• *Les divorces-gadgets:* certains couples modernes s'amusent à se marier — quelle belle fête avec les copains! — sans intention réelle de bâtir une vie commune. Un nuage ou un jupon passent, ils se quittent et chargent leurs avocats de régler au mieux les détails matériels de la rupture de cette liaison un temps légalisée. Un exemple récent: les trois petits tours de valse matrimoniale de Babeth dans les bras de Johnny Halliday. Quelques mois à peine. Les médias en ont beaucoup parlé, l'opération promotion valait bien une fleur d'oranger.

Personnellement, ces cabrioles conjugales me semblent tout à fait démodées et quelque peu inconvenantes. Qui a besoin de se marier dans le showbizz d'aujourd'hui? Dans les années 30, les stars hollywoodiennes couraient de Reno en Californie pour prendre le grand public à témoin de leurs coups de foudre à répétition, parce qu'à l'époque, aux États-Unis, un couple illégitime n'avait même pas le droit de faire chambre commune dans les palaces! De nos jours, l'union libre a quand même plus de classe. Pourquoi se marier si la durée n'entre pas dans l'équation de ses désirs? Ces divorces-gadgets ne m'intéressent pas, ils concernent une parcelle infime et privilégiée de la société. Il suffirait qu'on n'en parle pas pour qu'ils n'existent plus.

À l'inverse, on peut divorcer sans s'être mariés.

Dans les pays nordiques, surtout en Suède, la nuptialité a chuté vertigineusement depuis quinze ans. L'union libre — on devrait bannir le mot «concubinage» de la langue française, il sonne vraiment trop mal — représente un modèle de vie en couple relativement courant. Il n'en est pas de même en France, ni dans la plupart des pays européens à l'Ouest comme à l'Est. En dépit d'un fléchissement évident des mariages depuis quelques années, l'union libre de longue durée reste un phénomène restreint. Certes, les jeunes ont imposé, la contraception aidant, la pratique courante de la cohabitation juvénile, mais lorsque l'enfant s'annonce, on enfile bien vite une robe blanche et un costume foncé pour se lier légalement. Les couples de parents volontairement célibataires ne représentent qu'une faible proportion de la population adulte.

Divorcer sans mariage

Pourtant, j'ai rencontré au cours de mon enquête des «divorcés sans mariage». Des hommes et des femmes qui ont partagé pendant plusieurs années la même période de leur histoire affective, vécu sous le même toit, fréquenté les mêmes amis et les mêmes familles, fait bourse commune, possédé les mêmes objets, conçu les mêmes projets, et qui un jour n'ont plus trouvé les mêmes raisons de vivre ensemble. Quand ils ont décidé de rompre les liens que nul autre qu'eux-mêmes n'avait noués, ils n'ont pas traversé, semble-t-il, des moments tellement plus sereins que les conjoints légaux.

Les adeptes de l'union libre prônent volontiers cette vie de couple sans attaches. Elle garantit à leurs yeux un véritable choix, sans pressions sociales, sans force des habitudes. Un contrat renouvelable tous les matins par tacite reconduction. En cas de dés-amour, croient-ils, il suffit de faire ses valises pour tenter ailleurs de retrouver son équilibre ou de construire un nouveau bonheur. On peut se quitter sans préavis, sans démarches, sans discussions sordides, sans avocat et sans justice. Au théâtre et au cinéma, dans les comédies de moeurs actuelles, le coup de la valise marche à peu près. Dans la vie, c'est beaucoup plus compliqué. Les discussions de marchands de tapis ne se révèlent guère plus éthérées entre cohabitants excédés qu'entre époux lassés.

Quand il y a un enfant, l'affrontement entre parents «libres» peut même tourner à la guerre civile puisqu'il n'y a, en principe, pas d'instance juridique obligatoire pour trancher dans le vif des sentiments et des intérêts. Aussi voit-on des ex-compagnons, désespérant de trouver un terrain d'entente, faire appel, pour se quitter, aux lois qu'ils n'ont pas voulu reconnaître pour se rejoindre. Ils demandent aux tribunaux de statuer sur leur couple comme des «ex» ordinaires. Louis P...[3] s'est vu contraint de verser une pension alimentaire pour les deux enfants qu'il avait volontiers reconnus sans jamais songer à épouser leur mère. Paul V... s'est battu comme un tigre de papier timbré afin d'obtenir un droit de visite régulier pour cette petite fille qui ne portait pas son nom, mais qui emporta son coeur le jour où sa maman l'emmena avec elle refaire sa vie avec un autre compagnon.

Ces histoires-là sont des divorces purs et simples. *Normaux.* Avec leurs conflits, leurs déchirements, leurs arrangements, leurs concessions, leurs partages toujours plus ou moins injustes. C'est pourquoi, au risque de paraître un peu traditionaliste, je ne préconiserais la vie commune hors la loi que pour les couples dont les deux partenaires sont totalement égaux devant la vie, disposant de deux salaires distincts et équilibrés, parfaitement informés des risques qu'ils courent en ne se prémunissant pas légalement contre une rupture, ou n'ayant pas l'intention de devenir parents d'un même enfant. Dès qu'il y a déséquilibre dans les revenus, les futures mères ont bien raison de contracter mariage, c'est la façon la plus sûre de faire le nid du petit. Sinon, la situation de compagne étant infiniment moins protégée de «prendre des précautions» pour ne pas se retrouver en chemise en cas de malheur. Ces «précautions»-là — souscription d'une assurance-vie, mise de certains biens immobiliers au nom de la dame, épargne aux deux noms, etc. — ayant un côté inévitablement mesquin et intéressé paraissent peu compatibles avec l'idée abstraite et généreuse qu'on peut se faire de l'union libre.

D'ailleurs, la plupart des jeunes partagent ce point de vue. Ils cohabitent de plus en plus, mais ils se marient encore régulièrement, même s'ils n'accordent plus au mariage la même signification sociale que leurs parents. Une enquête de Louis Roussel et Odile Bourguignon[4] permet de préciser le sens que les jeunes couples attachent à la cohabitation juvénile: un moyen privilégié de lutter contre la hantise de la solitude, mais aussi un «mariage à l'essai», une façon d'attendre — un travail, un diplôme, un pouvoir d'achat, un statut social —, sans rester pour autant sous la dépendance directe des parents.

Et qui dit mariage, dit de plus en plus divorce.

C'est bien de *divorce* que nos allons parler dans ce livre, même si le mot a pris une connotation par trop juridique qui occulte l'importance des réactions personnelles et des conséquences psychologiques. Il suffit, pour s'en rendre compte, de consulter la plupart des ouvrages destinés au grand public et traitant du divorce. Ils parlent presque exclusivement de la loi et des droits (de demander, d'assigner, de refuser, de se défendre, de poursuivre, de garde, de visite, à indemnité, de garder un nom, de quitter le domicile conjugal...). Mais ils passent sous silence l'immense effort psychologique, le bouleversement personnel, la redistribution des rôles, la réadaptation qui sont indispensables avant, pendant et après un divorce. On ne peut pas demander à la justice de prendre en charge ce que deux adultes responsables n'ont pas essayé de régler d'abord de toute leur volonté. Si les futurs «ex» s'occupaient un peu plus d'eux-mêmes et de leurs enfants et un peu moins de problèmes juridiques, je suis convaincue que le travail des avocats et des juges en serait infiniment simplifié.

Pas facile, mais c'est quand même dans ce sens-là que les choses évoluent.

L'image n'est pas nette

Pour progresser encore, il faudrait que l'ensemble de la société dans laquelle nous vivons ne charrie plus certains concepts négatifs qui restent culturellement très forts. Divorce-péché, divorce-tare, divorce-faute, divorce-sanctionnant un «coupable» ou réparant le préjudice subi par une «victime». Dans les pays de forte tradition catholique comme la France, l'Italie ou l'Espagne, ces images sont difficiles à effacer. L'héritage est lourd. L'indissolubilité du mariage n'est-elle pas un des dogmes les plus farouchement défendus depuis des siècles par l'Église catholique romaine? Sans possibilité de transiger. Au risque de perdre l'Angleterre! On ne gomme pas, en quelques années ou décennies de libéralisme et de laïcité, les croyances et les tabous des générations qui nous ont précédés.

Depuis une dizaine d'années, les mentalités ont certainement évolué dans le sens du libéralisme — permettez-moi de l'espérer —, mais une anecdote récente me laisse penser que les choses ne changent pas aussi vite qu'on le souhaiterait ou qu'on le dit. J'assiste au mariage de la fille d'une de mes amies. Je la félicite sur le regard sympathique, le sourire ouvert, l'air décontracté de son gendre tout neuf.

— Il est parfait, me précise la belle-mère, généreux, chaleureux, travailleur, responsable, gai, amoureux et tout et tout. Son seul défaut, c'est d'être divorcé.

Pointe de regret sans gravité dans la voix.

Les bras m'en tombent:

— Mais tu es toi-même divorcée, tu ne vas pas lui reprocher un premier mariage!

— Enfin, quand même, j'aurais préféré pour ma fille qu'elle ne démarre pas dans la vie avec un homme de seconde main...

Les hommes politiques, fins diagnostiqueurs de l'opinion publique, ne s'y trompent pas. Il n'y a qu'à voir le mal que se donnent les leaders aux ambitions suprêmes pour rester mariés avec la même femme contre vents et marées, ou plutôt contre aventures et doubles vies. On songe à Kennedy négociant la stabilité de son couple avec Jacky pour ne pas risquer un divorce au moment de se présenter à la Maison-Blanche. Et pourtant, l'Amérique n'est pas la France. Ne raconte-t-on pas, chez nous, qu'une menace de divorce aurait remarquablement assagi certain grand homme amateur de bagatelle et de chair très fraîche?

Bien sûr, nous n'en sommes plus au temps de ma grand-mère. La pauvre femme me racontait toujours comment sa bonne famille, chrétienne et charitable, l'avait chassée de son cercle le jour où elle avait annoncé qu'elle divorçait.

Micheline F..., fonctionnaire internationale, a confié à Rosane Lhermitte, qui m'a aidée à réaliser certains des entretiens cités dans ce livre: «Divorcée depuis plus de deux ans, je n'ai toujours pas osé reprendre mon nom de jeune fille dans ma vie professionnelle. Je crois que si mon chef de service savait que je suis séparée de mon mari et que je vis seule, il n'aurait plus la même image de moi. Pensez donc, je représente à ses yeux une jeune femme si convenable...»

Et si le chef de service de Micheline était lui-même divorcé et n'osait pas non plus lui avouer son «inconvenance»? On nage en pleine hypocrisie.

N'en serait-il pas du divorce comme du cancer? Considéré pendant des lustres comme un mal fatal, il faisait tellement peur que beaucoup de gens n'osaient en parler, pas même prononcer le mot *cancer* quand ils en étaient atteints — les journaux eux-mêmes évoquaient un «mal incurable» ou une «terrible maladie». Peu à peu, pourtant, pour le divorce comme pour le cancer, on a constaté que le pronostic n'était pas toujours aussi pessimiste qu'on l'avait d'abord cru. Certains, faisant preuve d'une belle santé morale, ont même commencé à raconter publiquement leur «guérison». Jusqu'aux princesses qui s'y sont mises. À la cour d'Angleterre, dans la famille de France, sur le rocher de Monaco, on divorce, ma chère, et on n'en dépérit pas de honte ou de chagrin pour autant. Elles ont plutôt le sourire et mordent dans la vie à pleines dents, ces princesses qui retrouvent leur vie de célibataires.

On ose désormais parler de plus en plus ouvertement de son passé conjugal, raconter les crises que l'on a traversées, les étapes de la convalescence, la redécouverte des joies de la vie. À noter: au cour de cette enquête, il m'a semblé que les hommes, en particulier, sont plus volontiers bavards sur eux-mêmes quand ils sont divorcés que s'ils sont mariés. Peur des indiscrétions, peur de la légitime?

Peut-être faut-il compter au moins un divorce dans son itinéraire pour apprendre à le regarder en face en ayant moins peur. C'est mon cas. C'est pourquoi j'ose affirmer: de plus en plus de gens divorcent, se quittent, ne vieillissent pas ensemble; ce n'est pas toujours pour le pire, quelquefois même c'est pour le mieux.

II

La difficile équation:
$$\frac{amour \times 2}{temps}$$

Nous avons tous été élevés dans une certaine mythologie de l'Amour-toujours. L'Amour pas forcément, mais le couple assurément. Au hit-parade des modèles à suivre, Philémon et Baucis sont très haut placés. Loin devant Tristan et Iseult ou Roméo et Juliette dont, faute d'ancienneté, on ne peut garantir le sérieux.

Pour les couples comme pour les piles électriques, la durée serait garantie de qualité. Si bien que quand une union ne s'éternise pas, on met en doute sa valeur. Radicalement, depuis le début. En revanche, quand un couple résiste à l'usure du temps, on l'admire, on le montre en exemple.

Ce rapport qualité/temps vaut la peine qu'on s'interroge sur son bien-fondé.

Avant de plonger dans l'univers des divorcés, j'avais envisagé d'effectuer une enquête pour savoir ce qui faisait marcher les couples. Fascinée par leur performance, moi qui n'avais pas tenu la distance, j'espérais découvrir chez les partenaires longue durée des caractéristiques communes, des comportements susceptibles d'être imités, des recettes simples pouvant servir de base à la gastronomie conjugale. Hélas, mes visites en cuisine ne m'ont guère donné envie de demeurer à table en permanence. Elles ne sont pas toutes savoureuses, les raisons de rester ensemble. Quand elles ont vraiment triomphé, le tour de main m'a paru inimitable. J'ai dénombré quatre cas de figure:

1) Ceux qui restent ensemble par peur

Du bon Dieu, de l'enfer, des parents, du qu'en-dira-t-on, de changer de statut, de perdre ses amis. Voilà pour les peurs sociales.

Très solides encore pour nouer ensemble les plus de cinquante ans, ces liens hérités de la tradition chrétienne se relâchent un peu plus à chaque génération. Il reste bien peu de jeunes adultes pour croire qu'ils brûleront dans les flammes éternelles s'ils éteignent le feu d'un foyer devenu infernal. En revanche, l'influence pondératrice de la famille et de l'entourage joue encore souvent. Plus qu'on ne le pense, surtout en milieu rural ou ouvrier. Parents qui encouragent les jeunes à se marier, qui se méfient pour leurs filles d'une nouvelle répartition des rôles et d'une certaine «libération». Combien trouvent choquant de voir les jeunes prendre avec le mariage des libertés qu'ils ne se sont pas accordées à eux-mêmes:

«Je n'aurais jamais osé retourner chez mes parents si j'avais divorcé. Ma mère m'a toujours expliqué que je devais me «sacrifier» pour mes enfants. N'avait-elle pas elle-même fermé les yeux et supporté les frasques et les aigreurs d'un mari cavaleur et bou-

20

gon, en songeant d'abord à mon frère et à moi? À cause d'elle, j'ai été malheureuse, mal mariée, pendant vingt ans. J'ai attendu que maman soit morte et que ma dernière fille soit mariée. Le soir du mariage de ma fille, je suis partie vivre avec l'homme que j'aimais depuis quinze ans.»

L'adresse de cette Pénélope du divorce m'a été donnée par sa propre fille, qui n'a jamais digéré le scandale du soir de ses noces. Elle se demande encore comment sa mère a pu ainsi jouer la comédie du quotidien, silencieusement, pendant quinze ans, en attendant de tout laisser tomber. Certes, ce n'était pas toujours la joie à la table familiale, mais elle n'avait pas une seconde soupçonné le dénouement. D'ailleurs, l'intransigeance doit être congénitale: depuis que sa mère a divorcé, la fille ne la reçoit plus chez elle. Ignorant ce qu'en pense son mari — ils n'en ont jamais parlé! —, elle préfère déjeuner de temps en temps avec sa mère, en tête à tête, à l'extérieur, presque en cachette. En revanche, elle passe régulièrement le dimanche chez son père qui s'est lui-même remarié. Les barèmes de la bienséance laissent parfois songeurs.

Ceux qui ont peur des réactions de leur entourage ont presque toujours raison de se méfier. L'indulgence ne peut naître que de l'information. S'ils ne font pas l'effort de parler, comment espèrent-ils être entendus?

Peur physique, aussi: peur des coups, de poings ou de revolver. Les premiers servent d'arme de dissuasion aux hommes, les seconds de menace nucléaire aux femmes.

«Si je la quittais, elle me tuerait.» Étonnant comme le chantage à la mort est encore couramment pratiqué. Plus étonnant encore: il marche. À juste titre, d'ailleurs: la rubrique des faits divers ravive régulièrement les craintes des menacés. Dans le doute, ils préfèrent ne pas jouer à la roulette russe avec une nerveuse de la gâchette.

Janvier 1979: Marie-Claude Quentin, 43 ans, secrétaire médicale, mère de deux enfants, ancienne novice chez les Soeurs du Bon Secours, rentre chez elle: «Ce jour-là, on avait organisé une fête pour les personnes du troisième âge. J'avais bu plusieurs verres de rosé. *Il* m'a parlé divorce en me promettant qu'il prendrait les enfants. J'ai répondu qu'il m'avait déjà privée de celui qu'il m'avait obligée à supprimer, et qu'il ne m'enlèverait pas les deux autres. J'ai vu son pistolet posé sur le bureau, je l'ai saisi. Après, je ne sais plus.» Jack Quentin est mort de sept balles dans la tête.

Hiver 1982: Pierre Pignard, 63 ans, est découvert à son domicile. Mort, un revolver à côté de lui. On croit d'abord au suicide. L'autopsie permet de découvrir qu'il a été atteint de deux balles: une dans la tempe droite, l'autre dans l'omoplate gauche. Interrogée toute la nuit, Josette Pignard, quatrième femme de la victime, finit par avouer: «Je sentais que je devrais laisser la place à une cinquième épouse[1].»

Comment voulez-vous que des histoires pareilles ne mettent pas du plomb dans la cervelle des maris peureux!

Peurs psychologiques, enfin: de se remettre en cause, d'assumer un échec, de voir se déconstruire le personnage qu'on s'est forgé, se brouiller l'image que l'on a de soi-même. Monsieur, marié, père de famille, bien sous tous rapports, ne voudrait en aucun cas admettre que son bel édifice familial est fêlé. Il l'a agencé minutieusement, comme il a organisé son plan de carrière, impossible de tout désarticuler sous peine de rester coincé/paralysé sous les décombres. Lui, reconnaître qu'il s'est trompé dans ses choix? Lui, se retrouver en faillite conjugale? Jamais. Plutôt crever du mal de vivre.

Peur de souffrir, de se sentir coupable, de se retrouver seul(e), de ne pouvoir faire face, de craquer. Toute cette cohorte d'angoisses qui incitent à supporter un mauvais aujourd'hui plutôt que d'affronter des lendemains inconnus. Il faut un certain optimisme pour modifier le cours du destin en divorçant. Bernanos disait: «Toute espérance est un risque.» Tout divorce aussi: certains ne le courront jamais, car ils n'espèrent plus rien.

Néanmoins, il faut prendre garde à ces peurs dans la tête; elles constituent, en matière de conjugalité, une arme à double tranchant. Dans leur version «Dallas», elles maintiennent ensemble des couples qui auraient dû logiquement exploser depuis longtemps. Pauvre Sue Helen, la femme de «J.R.», le personnage le plus internationalement antipathique de la télévision, suant l'angoisse dans ses draps de satin, un verre de whisky à la main: elle en a fait rigoler des jeunes femmes solides, mais elle a permis à d'autres, moins équilibrées, de s'identifier! Cependant, la peur qui force à s'agripper peut un jour aussi inciter à lâcher prise. À force d'insomnies, de gorge serrée, de larmes au bord des paupières, d'ulcères à l'estomac, la phobie de l'inconnu finit par s'estomper. La résistance au changement s'émousse. À trop miser sur les chances d'un mariage que maintiennent seules les forces négatives de la peur, on s'expose à des surprises.

L'argent, lui, est un ciment autrement robuste.

2) Ceux qui restent ensemble par intérêt

Comme ils sont plus durables que les autres, les couples financièrement solidaires!

Tous les historiens vous le diront, Philippe Ariès en tête: le mariage d'amour est une innovation récente. Avant, on se mariait par intérêt, d'abord parce que c'était une bonne affaire. Une affaire sérieuse. Pour faire face aux nécessités de l'existence, assurer la survie des membres de la famille, il fallait trouver de la main-d'oeuvre (les femmes) ou des revenus (les hommes). Quand les femmes apportaient des capitaux propres (la dot ou des terres), on leur permettait parfois de ne pas travailler manuellement, mais elles restaient malgré tout chargées de l'intendance et de la gestion. La littérature du XIXe siècle fourmille de ces mariages par devant notaire. Balzac adorait ces histoires de grands/petits bourgeois et de gros sous. Mariages équitables où les deux parties trouvaient leur(s) intérêt(s). Les rôles étaient clairement définis sur le plan économique, l'amour n'avait pas grand-chose à voir dans ces contrats. Les parents se reconnaissaient le droit de chercher les meilleurs partis et d'influencer le choix de leurs enfants. Ils veillaient à ne pas laisser leurs filles/fils compromettre par des emballements romanesques la préservation du patrimoine (bourgeois) ou le bon fonctionnement de l'unité de production (paysans, commerçants).

Depuis que l'amour est à la mode, on a oublié ces couples de conjoints associés. Pourtant, dans les P.M.E., chez les artisans, les travailleurs indépendants, les agriculteurs, les membres des professions libérales, des millions d'hommes et de femmes travaillent ensemble. S'ils se séparaient, ils risqueraient de faire péricliter leur entreprise commune. Comment imaginer que la ferme sur laquelle on s'est échiné et endetté à deux, le restaurant rentable parce que l'un est à la salle et l'autre à la cuisine, la pâtisserie où elle tient la caisse en haut pendant que lui cuit les gâteaux au sous-sol, puissent être partagés dans une liquidation de la communauté? Le démembrement serait la faillite!

«Travaillant cinq jours par semaine dans le même salon de coiffure, nous n'allons quand même pas tout foutre en l'air parce qu'on se permet l'un et l'autre des petites escapades sexuelles. Au début de notre mariage, j'étais très jaloux, un macho exclusif. Quand ma femme ne rentrait pas pour le dîner le lundi soir, notre jour de relâche, je faisais des scènes terribles. Dix fois j'ai menacé de divorcer. Puis je me suis raisonné. Nous partageons tellement de choses importantes. Nous avons réussi à doubler notre chiffre d'affaires en cinq ans, ma femme est une formidable travailleuse et nous nous entendons très bien dans le travail. Cela vaut bien de fermer un peu les yeux.»

Bel exemple de réalisme. Si j'étais perfide, j'ajouterais que le salon de coiffure appartient aux parents de madame. Il faut le comprendre, ce garçon. Quand on vit dans une ville de 60 000 habitants, que la fille de vos patrons a la bonne idée d'être ravissante, qu'on a la chance de l'épouser, que l'on accède de ce fait au rang de patron avec trois employées sous ses ordres, on ne lâche pas son pignon sur rue pour de menues incartades.

Les statistiques françaises corroborent tout à fait cette influence de l'économique sur la stabilité des mariages. Les deux catégories socioprofessionnelles qui présentent le plus faible taux de divorcialité sont les agriculteurs et les petits patrons, les deux groupes sociaux où se comptent le plus grand nombre de couples travaillant ensemble ou possédant en commun le patrimoine qui les fait vivre.

Pour ne pas tarir leur unique source de revenus, les femmes en milieu urbain ferment parfois les yeux. Nous connaissons tous de ces malaimées qui supportent en silence leurs déboires conjugaux parce qu'elles ne peuvent assurer leur propre subsistance. Certaines font preuve d'une sorte de génie consistant à se faire payer le plus cher possible le droit d'être délaissées. Plus il cavale, plus elle dépense. Je l'avais néanmoins remarqué dans une enquête sur les hommes: ce rachat de la mauvaise conscience par l'argent est un sport de riches, il se fait de plus en plus rare. En fait, cette attitude se comprend de la part de femmes qui ne disposent pas de leur indépendance financière, et au-delà d'une certaine limite d'âge. Passé quarante ans, en période de récession et de chômage, il est presque impossible d'opérer une réinsertion professionnelle. Avant cet âge, la résignation féminine paraît de moins en moins courante. Quand un homme leur fait payer moralement trop cher le fait de les entretenir, la plupart des jeunes femmes préfèrent désormais remonter leurs manches plutôt que de sortir leurs mouchoirs.

Parfois, les hommes aussi se retrouvent en position de soumission financière. Les demandeurs d'emploi ont, semble-t-il, l'âme plus casanière que les gagneurs de pain quotidien. Georges P... reconnaît qu'il a repris le droit chemin de la maison le jour où, à 45 ans, il a perdu son emploi. Six mois avant, il était parti acheter les allumettes de la liberté. Mais sa liberté avait un prix: son salaire.

L'argent ne fait pas le bonheur, dit-on; mais il encourage certainement à tenter de fêter ensemble les noces du même nom.

3) Ceux qui restent ensemble par habitude

Inutile de développer longuement cette évidence: la majorité des gens mariés restent mariés parce qu'ils sont mariés. Ni franchement heureux, ni franchement malheureux. Tant qu'ils ne trouvent rien de plus excitant, ils continuent, c'est tout.

Les enfants sont là, la télévision remplit les silences, la fatigue justifie les mouvements d'humeur, les gestes du quotidien tiennent lieu de communication: «Tu as pensé à laisser la voiture chez le garagiste?... Qu'est-ce qu'on pourrait manger ce soir?... Je ne sais pas... Tu ne sais jamais... Mais tu me demandes toujours ça le matin quand je n'ai pas faim... Le robinet du lavabo goutte encore... Qu'est-ce qu'on va payer comme impôts... N'oublie pas que dimanche on déjeune chez mes parents...» Cela peut durer des dizaines d'années. Jusqu'à la retraite, jusqu'à ce qu'elle soit veuve...

Vous trouvez cette vision pessimiste? Elle ne m'est pas personnelle. Elle reflète l'opinion de la majorité des jeunes de 18 à 35 ans. Ils ont regardé vivre leurs parents pendant toute leur enfance et n'en ont pas eu leur idée du mariage très confortée. Louis Roussel constate: «Les jeunes interprètent la vie matrimoniale de leurs parents comme une histoire lâche et hypocrite, souvent terne et triste[2].» Quand on leur demande pourquoi les couples mariés ne divorcent pas, leurs réponses ont un goût d'amertume: 55% pensent que les conjoints restent ensemble parce que la vie commune est devenue une routine et une sécurité.

Plus ils sont jeunes, plus ils sont désabusés. On s'en rend compte en comparant les réponses des cohabitants (2 sur 3 parlent de routine) et des mariés (1 sur 2 seulement la mentionnent). Quand ils parlent de l'avenir du mariage, ces derniers songent sans doute plus à leur union récente qu'à celle de leurs parents. Ne prendraient-ils pas momentanément leurs désirs pour des réalités?

Un quart seulement des jeunes pensent que les couples qui ne divorcent pas demeurent véritablement unis. Pauvres parents, si le regard de leurs enfants les a estimés à leur juste valeur, ils n'ont pas été très nombreux à tirer le bon numéro à la loterie matrimoniale! Une loterie? Certainement: un amour qui résiste à l'épreuve du temps ne doit-il pas mille fois plus au hasard qu'à la volonté?

4) Ceux qui restent ensemble par chance

«Donne-toi un peu de mal, ça ira mieux.» Ce vieux mythe de l'activisme conjugal a la vie dure. Quand vous pataugez en pleine crise, bien des bonnes âmes vous conseillent encore de faire des efforts, d'y mettre du vôtre, d'admettre sacrifices et concessions. Le système du «cent-fois-sur-le-métier/ travaillez-prenez-de-la-peine» pourrait être transposé du boulot au dodo. Une justice d'inspiration judéo-chrétienne voudrait que les époux qui cultivent avec application leur lopin de tendresse soient récompensés, tandis que les conjoints paresseux qui se contentent de profiter, la main dans la main, du vert paradis de l'amour se verraient punis. La psychologie moderne tend plutôt à démontrer l'inverse.

Moins on a d'efforts à faire pour se sentir bien avec l'Autre, plus augmente la probabilité que le couple dure. Un bon mariage est une relation cool, simple, harmonieuse, qui ne demande ni à l'un ni à l'autre un travail d'adaptation trop compliqué. Sinon, les frustrations consenties assez volontiers dans les premiers élans de la passion amoureuse deviennent vite source de stress et d'agressivité quand vient à se tasser la ferveur initiale.

Pourquoi ressent-on avec certaines personnes cette impression de bien-être, de simplicité, d'évidence? Pourquoi il/elle vous agace-t-il/elle rarement? Pourquoi le désir persiste-t-il au lieu de s'estomper? Pourquoi sa peau sait-elle vous attendrir avec ses rides? Pourquoi peut-on ne pas se parler sans avoir l'impression de ne rien se dire? Pourquoi la même anecdote répétée pour la centième fois vous fait-elle sourire au lieu de vous scier les nerfs? Pourquoi le temps n'arrive-t-il pas à tout gâcher? On peut appeler cela de la chance. Ou évoquer le dialogue des inconscients: cette sorte de rencontre entre les forces les plus mystérieuses de deux partenaires et qui n'a rigoureusement rien à voir avec la bonne volonté. Essayez donc de «faire des efforts» pour raviver la sexualité d'un couple à bout de désir! Les hommes savent bien qu'il s'agit d'une méthode infaillible... pour provoquer la panne. Les femmes aussi le savent, mais elles au moins peuvent faire semblant. N'en déplaise aux moralistes de jadis: les couples les plus résistants ne sont pas les plus vertueux.

Tout juste peut-on envier ceux qui ont la chance de naviguer harmonieusement sur le même bateau, jalouser ce privilège de plus en plus rare dans les conditions de vie actuelles: une relation duelle suffisamment riche pour résister à l'érosion du temps, suffisamment souple pour ne pas user les personnalités de ceux qui la vivent. Ce cocktail d'intensité et de légèreté est, aux dires de ceux qui le savourent, la seule façon harmonieuse de vivre à deux.

Cet AMOUR, avec toutes les lettres majuscules et pas seulement avec un grand A, 56% des hommes et des femmes de tous âges et de toutes conditions sociales estiment que c'est la chose la plus importante pour la réussite d'un couple[3]. Ils en rêvent tous, de cet amour-fusion, cet amour-partage, cet amour-refuge, cet amour-rempart contre les difficultés et les déceptions de la société qui les entoure. Il vient en tête de leurs raisons de vivre à deux, loin devant les enfants, l'entente physique et l'épanouissement individuel.

Et, de plus, il faudrait que cette potion magique conserve la même saveur et les mêmes pouvoirs pendant quarante ou cinquante ans. Quelle gageure!

Une équation presque insoluble

Dans la mathématique des relations humaines, l'équation $\frac{amour \times 2}{temps}$ n'a jamais été facile à résoudre. Pour nos contemporains, elle est en train de devenir presque insoluble. Ses données sont en pleine inflation. Dans le même temps où nous attribuons à l'amour un coefficient de plus en plus élevé dans les motivations du mariage et de la vie en commun, l'espérance de vie individuelle ne cesse de s'allonger. Pour durer toute la vie, l'amour doit se conserver de plus en plus longtemps!

Au XVIIIe siècle, la probabilité de durée d'un couple était d'environ dix-huit ans. On se mariait relativement tard — 27/30 ans — et on mourait tellement jeune. La moitié des enfants anglais étaient orphelins de père avant leur majorité. Depuis cinquante ans, la longévité a fait un bond en avant prodigieux dans les nations développées. Pas seulement grâce aux progrès de la périnatalité, mais aussi grâce à la gérontologie: elle est en moyenne de soixante-dix-sept ans pour les femmes et de soixante-neuf ans pour les hommes. Comme, d'autre part, on se met en ménage de plus en plus jeune — mariage ou cohabitation, peu importe: ce qui compte, ce sont les années passées ensemble à la même table, dans le même lit —, la probabilité de vie commune est actuellement de 45 ans en moyenne. Chiffre considérable.

Tellement considérable qu'on peut se demander, si les sociétés modernes n'ont pas *besoin* du divorce pour assurer l'équilibre psychologique et la santé mentale de leurs membres, au même titre que les sociétés anciennes avaient besoin du mariage pour assurer la survie physique de leur population.

«L'accroissement du nombre des divorces correspond sans doute à une réponse de la société humaine au problème de la longévité. Ce que la mort ne délie plus, la loi peut le rompre. Sans cette soupape, il est probable que les drames conjugaux deviendraient proprement intolérables pour beaucoup d'individus[4].» Demandez donc aux Italiens et aux Espagnols: récemment entrés dans le club des divorçables[5], ils ont encore très fraîches à la mémoire des catastrophes humaines qu'entraînait l'indissolubilité des liens du mariage.

D'ailleurs, l'existence du divorce n'est pas seulement bénéfique pour ceux qui y ont recours, sa possibilité — et même sa probabilité — joue également un rôle important dans le psychodrame intime des hommes et des femmes dont le mariage résiste au temps. Puisque le divorce existe et que l'on *choisit* de rester ensemble, n'est-ce pas la réponse essentielle aux questions que l'on se pose?

Combien de couples reconnaissent qu'ils se font régulièrement le «coup du divorce» quand leurs interrogations deviennent trop pressantes. Pour préserver leur sentiment de liberté, pour renouveler les clauses du contrat, pour libérer les tensions, pour exorciser... le divorce. On agite son spectre pour calmer les tempêtes.

Les V... sont allés jusqu'au bout de leurs menaces. Par deux fois, ils ont divorcé en bonne et due forme. «Divorcer nous a permis de redécouvrir les raisons que nous avions de vivre ensemble.» Un peu cher et compliqué comme thérapie? Ils ont fini par en convenir. À leur troisième remise en ménage, ils n'ont pas jugé nécessaire de rereconvoler en justes noces...

Cette difficile adéquation d'une exigence affective, devenue le fondement même du couple, et de la précarité du sentiment amoureux explique la montée vertigineuse du divorce. Les couples qui se déchirent, se séparent, se renouvellent, font désormais partie de notre environnement quotidien. Dans chaque groupe familial, chaque collectivité professionnelle, les ruptures se multiplient. D'exceptionnel, le divorce est en train de devenir *banal*.

III

L'explosion
du divorce-boom

Ils avaient tout pour être heureux! François, 25 ans, employé dans une banque. Martine, 22 ans, employée dans la même succursale, semblaient faits l'un pour l'autre. Ils aimaient le tennis, les Stones et leur boulot. Pourtant, ils ne vieilliront pas ensemble.

Quand ils se rencontrent, c'est tout de suite l'Amour. Martine entasse ses jeans et ses pull-overs, sa raquette de tennis et son vieil ours en peluche dans deux grands sacs de marin. Direction: l'appartement de François. Bonne occasion de quitter sa chambre de jeune fille, adieu la maison familiale. Il serre ses cintres dans la penderie, elle annexe les tablettes de la salle de bains. Quelques frictions pour des détails ne les font pas douter. Ils se réconcilient facilement sur l'oreiller. Avec deux salaires et des horaires de banque, la vie est gaie.

Dix-huit mois plus tard, en partant en vacances, Martine «oublie» sa plaquette de pilules en faisant les valises — tous les gynécologues connaissent ces «actes manqués» des jeunes femmes qui attendent inconsciemment la grande preuve de leur fertilité. À la rentrée, Charlotte est annoncée. Un peu tôt au goût de François qui aurait préféré profiter un ou deux ans de plus de cette vie à responsabilités très limitées. Il suggère un avortement, Martine ne se laisse pas convaincre, elle n'a pas envie d'interrompre cette grossesse. Les parents, informés de part et d'autre, réagissent de la même façon: «Il faut vous marier.» Petit ventre et robe blanche, week-end «lune de miel»: le mardi suivant, ils retournent au bureau. Apparemment, rien n'a changé, sauf le «Madame» des clients qui amuse Martine derrière son guichet.

Très vite, pourtant, l'atmosphère se gâte. Martine fatigue. En sortant du bureau le soir, elle n'a pas beaucoup de courage pour faire les courses/cuisine, repasser les chemises de François. Elle souhaiterait être dorlotée. Ce n'est pas le style de François, les tâches domestiques l'ennuient, les copains lui manquent. Il commence à sortir le soir de temps en temps, seul. Martine lui en fait reproche en pleurant. Ces scènes agacent François, il trouve qu'elle n'est franchement pas chouette, avec son gros ventre et ses yeux rouges. Mais elle attend un bébé, il décide d'y mettre du sien, il n'est quand même pas un salaud. Après la naissance, tout ira mieux, n'est-ce pas?

Quand Charlotte a un an, rien ne va plus. François sort de plus en plus. Martine soupçonne qu'il a une aventure avec la secrétaire du club de tennis. Un soir, excédée d'avoir une fois de plus joué les gardiennes pendant que lui faisait le joli coeur, elle craque: «J'en ai marre, marre, marre... Puisque c'est comme ça, mieux vaut divorcer. Je prendrai Charlotte, tu la verras aussi souvent que tu le voudras. Nous sommes trop jeunes pour gâcher nos deux vies en restant ensemble.» Il n'attendait qu'un signe. Un peu par lâcheté, un peu par pitié, il n'osait faire le premier pas vers la sortie. Puisqu'elle a prononcé la première le mot «divorce», il saute sur l'occasion qui lui est offerte, entasse ses jeans et ses pull-overs dans deux grands sacs de marin et file dormir chez un copain accueillant, lui-même en instance de divorce. Deux jours plus tard, ils entreprennent les procédures de divorce.

Un mariage sur quatre risque de tourner court

Cette banale histoire de désamour se reproduit chaque année à des centaines de milliers d'exemplaires dans les pays développés. En France, on ne divorce pas seulement de plus en plus mais aussi de plus en plus jeune; le nombre des divorcés, hommes et femmes, de 25 à 34 ans, a presque triplé en dix ans entre 1968 et 1979[1]. En simplifiant, on peut dire qu'en France, aujourd'hui, un mariage sur quatre risque statistiquement de tourner court — j'allais écrire de *tourner mal*, tant il est difficile de se débarrasser des notions de bien et de mal à propos de couples qui se séparent.

Aux États-Unis, qui ont une longue tradition en ce domaine, comme en Suède, où l'évolution est à la fois plus récente et plus fulgurante, la moyenne se situe autour d'un pour deux. L'Angleterre, le Danemark et le Canada naviguent aux alentours d'un divorce pour trois mariages. Dans les pays de l'Est, l'Union soviétique vient en tête, oscillant entre un sur deux et un sur trois, suivie de près par la Hongrie et la Tchécoslovaquie. Entre les pays de l'Est et ceux de l'Ouest, les chiffres récents sont comparables, mais l'évolution n'a pas été la même. De l'autre côté du rideau de fer, la montée du divorce a été plus régulière. Depuis la fin de la Deuxième Guerre mondiale, elle n'a jamais cessé, sauf quand une réforme législative rendait le divorce juridiquement plus difficile. Dans les démocraties libérales, au contraire, l'accélération a été plus tardive mais beaucoup plus brutale.

Subitement, à partir de 1965, dans tous les pays occidentaux en même temps, la divorcialité s'est emballée. Ce qui permet d'ailleurs d'affirmer que la législation plus ou moins permissive n'a que très peu influencé les moeurs dans les pays de liberté.

Jusqu'en 1965, chaque pays enregistrait d'une année sur l'autre un nombre de divorces à peu près constant. Le conjugogramme était plat: il oscillait entre 10 et 20% selon les cultures et les traditions. On divorçait plus dans les pays protestants que dans les pays catholiques, plus au Nord qu'au Sud de l'Europe. La France se situait dans un juste milieu, sa loi conservatrice et ses moeurs plutôt libérales ne faisant pas toujours bon ménage.

Au milieu des années soixante, sans que l'opinion publique en prenne tout de suite conscience, le paysage conjugal change complètement. En matière de divorce, on ne peut plus alors parler d'évolution, mais de révolution.

Que s'est-il donc passé dans la vie des hommes et des femmes de tous les pays pour qu'ils se désunissent subitement à une telle cadence? Plein de choses à la fois, allant toutes dans le même sens: de la tradition vers l'innovation, de la stabilité vers le mouvement, de la contrainte vers la liberté, de la conformité vers l'originalité, des valeurs collectives vers les choix individuels. Brusquement, tout s'est conjugué: l'évolution de l'ensemble de la société, amorcée déjà depuis plus d'un siècle, et une transformation plus immédiate et plus rapide des modes de vie et des mentalités.

Les explications historiques

Puisque nous tentons de comprendre ce qui s'est passé dans les quinze dernières années, je ne reprendrai pas la sempiternelle complainte du bon vieux temps, l'apologie de la société villageoise et de la famille paysanne. Des historiens, autrement qualifiés que moi, ont écrit des bibliothèques entières sur ce sujet.

Cette famille-là était déjà morte et disparue depuis longtemps quand le divorce-boom a commencé. On en trouvait encore quelques vestiges, au milieu du XXe siècle, dans certaines régions agricoles pauvres. Si peu peuplées, en règle générale, que leurs habitants pèsent d'un poids infime dans les statistiques. Oublions donc la paysanno-nostalgie.

Venons-en aux explications historiques plus récentes.

Première explication historique: l'urbanisation

La grande ville a longtemps été rendue responsable de tous les maux dont souffre la famille contemporaine. En éloignant les travailleurs de leur domicile presque toute la journée, en noyant les individus dans la foule anonyme, en restreignant les occasions de communication et de convivialité, en réduisant la cellule familiale à sa plus simple expression — la femme, le mari, un ou deux enfants —, l'urbanisation aggraverait les conflits interpersonnels et fragiliserait par conséquent le mariage. C'est évident, mais pas récent.

La grande migration des campagnes vers les villes ne date pas d'hier. Elle était pour ainsi dire terminée quand le divorce-boom a commencé. De surcroît, loin de se creuser, les différences de comportement entre les habitants des très grandes agglomérations et ceux des autres localités se combleraient plutôt depuis quelques années. Les régions très urbanisées fournissent toujours le plus gros contingent de divorcés, mais la progression dans les régions traditionalistes est spectaculaire.

Jadis, pour échapper à la «honte» et au qu'en-dira-t-on, on fuyait son village quand on cassait son couple. Il arrive désormais que l'inverse se produise. J'ai rencontré deux jeunes femmes qui ont effectué le même parcours personnel. Parties «à la ville» pour trouver du travail, elles s'y sont mariées puis ont divorcé. Rester seule dans une grande ville avec un enfant à charge et un travail à plein temps, trouver un logement, assumer sa solitude, renouer un réseau de relations amicales, tenter de rencontrer un autre compagnon pour retrouver une vie de couple, tout cela leur paraissait presque insurmontable après leur séparation. Toutes deux ont décidé de revenir dans leur village natal pour tourner la page et essayer de prendre un nouveau départ sur des bases différentes, plus solides sans doute. Dans leur village, leurs familles — et plus particulièrement leurs mères — les ont aidées à retrouver un équilibre. Leurs enfants se sont sentis plus facilement intégrés dans une communauté plus restreinte. Elles ont eu la chance de trouver du travail dans le commerce, elles avaient rapporté de la ville un dynamisme professionnel qui leur a permis de se reconvertir.

Tous les villages, toutes les familles n'ont pas cette ouverture d'esprit. Malgré tout, les mentalités évoluent très vite dans la voie de la tolérance.

Deuxième explication historique:
la baisse d'influence de l'Église

Inutile de disserter longuement sur l'importance de la déchristianisation dans le divorce-boom: la relation de cause à effet est évidente. Néanmoins, comme pour l'urbanisation, l'évolution ne date pas de ces dernières années, elle a commencé avec le siècle et s'est accélérée dès la fin de la dernière guerre mondiale.

Actuellement, le frein religieux ne joue plus que pour une très petite minorité de catholiques ultra-pratiquants. Les autres, même croyants, s'accommodent avec le Ciel quand ils ne s'accommodent vraiment plus avec leur conjoint. Un *divorcé catholique* — qui a beaucoup insisté sur son appartenance à l'Église romaine — change de paroisse pour prier: «Ce n'est pas que j'aie peur du jugement des gens, mes relations avec Dieu ne regardent que moi, mais je ne souhaite pas choquer les esprits. Je suis profondément croyant et j'ai besoin de pratiquer une religion pour vivre. J'avais hésité, après mon divorce, à me convertir au protestantisme; j'y ai renoncé. On ne change pas de religion comme de marque de voiture parce que l'une vous convient mieux que l'autre. Je préfère rester fidèle aux rites de mon enfance, au Seigneur avec qui j'ai toujours dialogué et dont je n'arrive pas à croire qu'il m'a répudié parce que j'ai divorcé. Quoi qu'en dise le Pape, j'ai toujours été catholique, je le suis encore.»

Je n'ai trouvé aucune étude qui me permette de chiffrer cette population de *divorcés catholiques* pratiquants. Ils m'ont semblé, en cours d'enquête, plus nombreux que je ne m'y attendais. N'est-ce pas explicable? Quand on se sent seul, en proie à une profonde remise en question de soi et de ses raisons de vivre, il doit être tentant de prier pour comprendre et de croire pour espérer.

Troisième explication historique: la dénatalité

Démographes et sociologues lient à l'évidence baisse de la natalité et montée du divorce. Tout le problème reste qu'ils ne savent pas très bien quelle est ici la poule et quel est l'oeuf. Divorce-t-on davantage parce qu'on a moins d'enfants, fait-on moins d'enfants parce qu'on divorce plus? Les deux phénomènes sont si étroitement liés dans les pays développés qu'il est presque impossible de dénouer l'écheveau de leurs imbrications. Reconnaissons malgré tout qu'en France, la limitation des naissances a commencé bien avant le divorce-boom. À l'inverse, dans tous les pays dont la France, au lendemain des guerres — celle de 14/18 comme celle de 39/45 —, divorce et natalité ont monté de concert, alors qu'on constate actuellement, aux Pays-Bas par exemple, où le taux de divorce est un des plus bas d'Europe, que la natalité y est également très faible. Les démographes pourront encore élucubrer longtemps: rien n'est évident dans le rapport entre ces deux données.

Leurs toutes dernières interrogations concernent les conséquences natalistes des couples successifs. Verra-t-on se multiplier dans les années à venir ce qu'on pourrait appeler les naissances du deuxième bonheur? Les progrès de la médecine et la liberté de l'avortement ont considérablement allongé le délai de fertilité sans risques pour les femmes. Les dangers d'enfants anormaux, qui font très peur aux mères qui n'ont plus 20 ans, ont été pour ainsi dire éliminés, grâce à l'amniocentèse en particulier. Quand elles en ont la possibilité physiologique, beaucoup de femmes souhaitent consolider leur deuxième couple en lui offrant un bébé en exclusivité. Un enfant que ce nouveau couple parental ne partagera avec aucun «ex». Au Canada, en 1981, il y a eu une augmentation importante du nombre de bébés dont la mère avait plus de 30 ans — 85 000 ou 23% du total des nouveau-nés. En chiffres absolus, il s'agit d'une hausse de 3 000.

Peut-être assistera-t-on dans les prochaines décennies à une reprise de la natalité, ou tout au moins à un arrêt de sa chute actuelle, grâce à cette fertilité volontaire des unions successives. À nouvelles moeurs, nouveaux désirs d'enfants. À divorce-boom, re-baby-boom? Voilà qui étonnerait les natalistes rétrogrades, grands pourfendeurs de la contraception et de l'interruption volontaire de grossesse au nom de l'intérêt supérieur de la nation et de l'avenir économique du pays! Ils ont toujours préconisé la contrainte physiologique plutôt que le libre choix affectif pour mettre des petits d'hommes dans le ventre des femmes. C'était sans doute bien mal nous connaître!

Urbanisation, déchristianisation, baisse de la natalité, ces raisons historiques ne suffisent pas à expliquer la croissance fulgurante du divorce au cour des vingt dernières années. Qu'est-ce qui a donc changé si radicalement dans la vie des gens pour rendre un si grand nombre de couples caducs?

Ce qui a changé dans leur vie? Mais leur vie elle-même! Non seulement nous n'avons plus les mêmes conditions de vie que les générations qui nous ont précédés, mais nous ne cherchons plus la même chose dans la vie.

IV

Les changements du quotidien

Il ne faut pas se fier aux apparences. Même si nous continuons à manger trois fois par jour, à dormir la nuit, à faire l'amour le plus souvent à deux entre partenaires de sexes différents, à nourrir nos petits au sein, à mourir de maladie ou de vieillesse, nous sommes des mutants. Notre vie quotidienne évolue tellement vite que toutes nos relations — aux autres, au monde extérieur, à nous-mêmes — doivent constamment être réinventées, à tout le moins réajustées.

C'est compliqué, fatigant, difficile, mais pas inintéressant.

Comme tout le monde ne mue pas au même rythme ni en même temps, nous conservons en magasin des quantités de modèles de fabrication ancienne. Les pesanteurs sociologiques aidant, on trouve encore des couples style 1880/modifié 1950 dans presque toutes les couches de la société. Essentiellement, tout en haut et tout au bas de l'échelle, là où les conditions matérielles restent les plus pesantes: par manque de moyens en bas, pour la sauvegarde du patrimoine en haut. Ces formules classiques sont encore mises bien en évidence à l'étalage pour servir de modèles aux enfants, aussi a-t-on tendance à sous-estimer la rapidité avec laquelle les prototypes se renouvellent. Manquant de références et de normes précises auxquelles se conformer, beaucoup d'hommes et de femmes hésitent, bifurquent, se cherchent, divergent, ne s'entendent plus parce qu'ils ne sont pas sur la même longueur d'onde. En fait, l'étonnant n'est pas que tant de ruptures interviennent dans les couples, mais qu'il y ait encore tant de ménages qui durent.

Tout semble se passer comme si toutes les digues de la vie quotidienne, érigées pour assurer la stabilité du couple, craquaient en même temps. Hier, mille contingences communes soudaient l'un à l'autre un homme et une femme: les nécessités financières, les emplois du temps, la répartition des rôles, la transmission des valeurs. Ici et maintenant, avec l'augmentation du niveau de vie et de la sécurité individuelle, le renouvellement des modes de vie, l'accélération des rythmes de vie, la remise en question des raisons de vivre, la nouvelle attribution des gestes de la vie, il faut vraiment s'accrocher l'un à l'autre pour que la vague du changement ne vous emporte pas par-dessus bord. Encore faut-il avoir envie de serrer très très fort la main de son coéquipier. Sinon, on a vraiment tant d'occasions de se quitter... sans se noyer forcément!

Le divorce «normal» est un luxe de nantis, ou plutôt un privilège de la société d'abondance. Au-dessous d'un minimum de bien-être et de sécurité matérielle, on supporte la maladie conjugale pour assurer, tant mal que bien, les besoins primordiaux de la cellule familiale: manger, se loger, se chauffer, faire face à la maladie. La vie quotidienne se révèle si dure qu'il semble insurmontable d'y ajouter les obligations financières d'une séparation. On n'a pas les moyens de mettre entre soi et l'autre les distances qui permettraient de ne plus se déchirer.

Quand l'argent manque vraiment, il ne reste qu'un refuge contre la détresse psychologique: la maladie. Elle, au moins, est reconnue et prise en charge par la collectivité. Alcoolisme, dépression chronique, syndromes psychiatriques, maladies psychosomatiques ne sont souvent qu'un appel au secours d'organismes à bout de tensions. Pour sortir de l'enfer domestique, ils n'ont plus qu'une solution: se faire soigner. Pourquoi a-t-on donc le droit de souffrir dans son corps et pas celui d'être mal marié? Un jour, on remboursera l'aide psychologique aux conjoints désemparés au même titre que sont normalement prises en charge les dépressions nerveuses ou les ulcères de l'estomac. Les «psy» remplaceront peu à peu les juges comme auxiliaires de la rupture.

Les statistiques confirment cette relation entre le manque d'argent et la dépendance vis-à-vis de la vie en couple. La catégorie sociale où l'on divorce le moins est également celle qui a le niveau de vie le plus bas: les salariés agricoles. Même tendance aux États-Unis où une étude a montré qu'après un divorce, ce sont les femmes les plus pauvres, inactives ou exerçant un métier mal rémunéré, qui se remettent le plus rapidement en ménage. Comme elles ne sont certainement pas plus séduisantes que la moyenne des autres, il faut bien en déduire que le couple présente pour elles des garanties matérielles dont elles ne peuvent se passer. À l'inverse, plus les femmes ont une carrière lucrative, moins elles se remarient, plus elles «profitent» de leur liberté après un divorce.

Quand le jeu du couple n'en vaut plus la chandelle et qu'on a les moyens de choisir son destin au lieu de le subir, on a effectivement tendance à reprendre ses billes.

Depuis vingt ans, le niveau de vie des nations les plus riches du monde n'a cessé de croître. Un peu moins vite depuis la crise pétrolière, mais la progression a été constante. Les couples qui peuvent envisager de se séparer sans mettre en danger leur survie individuelle ou celle de leurs enfants sont donc de plus en plus nombreux. Qui oserait s'en plaindre? Pas moi, en tout cas. J'ai toujours milité pour que les femmes puissent choisir leurs maternités, je leur reconnais également le droit à l'autodétermination de leur vie privée. Pas seulement aux femmes, d'ailleurs: les hommes aussi doivent pouvoir disposer de leur vie, eux qui jusqu'à présent avaient un peu plus de liberté de manoeuvre du fait qu'ils jouissaient de moyens financiers supérieurs.

Dans un dîner, j'ai failli injurier un chirurgien qui tenait à peu près ce discours: «D'accord, j'ai divorcé deux fois et j'ai quatre enfants de lits différents — il avait à ses côtés une ravissante troisième femme de quinze ans sa cadette —, mais ma situation me le permettait. J'ai pu m'offrir cette polygamie successive sans que, financièrement, personne n'en souffre, sans demander à la société ou à l'État de m'assister. À l'inverse, je trouve inquiétant que ce laxisme s'étende aux couches populaires. Ces gens-là devraient réfléchir avant de divorcer. Ils s'endettent avec des pensions alimentaires, sont incapables de faire face aux frais inhérents à chaque déménagement. S'ils avaient moins de soucis d'argent, ils feraient moins souvent la grève pour réclamer des augmentations de salaires...»

Incroyable mais vrai! Ce chirurgien a peut-être mis plus de subtilité dans son discours, mais, sur le fond, je retranscris fidèlement sa pensée.

Je déteste les divorcés conjugalistes, comme j'exècre les juifs antisémites. Les uns comme les autres se recrutent toujours parmi les privilégiés et vivent de cette distinction entre l'élite — à laquelle ils estiment appartenir — et le grand nombre auquel ils ne reconnaissent pas leurs droits.

Le progrès social générateur de ruptures

Que ce chirurgien le déplore ou non, il faut se rendre à l'évidence: moins il y aura de pauvres, plus il y aura d'hommes et de femmes pouvant s'offrir le «luxe» de rompre un couple qui n'en est plus un. Comme tout le progrès social vise à lutter contre la pauvreté, le progrès social est générateur de ruptures de couples. Corollaire rigoureux. Les États-Unis nous en apportent d'ailleurs la preuve: depuis longtemps, ce pays détient deux records du monde, celui du niveau de vie par tête d'habitant et celui du taux de divorce. Le Japon suit sa trace dans les deux disciplines.

L'argent gagné n'est d'ailleurs pas la seule garantie de liberté individuelle. Tous les avantages sociaux qui éliminent les risques matériels de la condition humaine — la maternité, la maladie, la solitude, l'âge, les accidents — permettent également de dépendre moins directement du couple pour survivre. Ils transfèrent de la cellule familiale à la collectivité la mission d'assurer la sécurité des personnes.

Dans son livre *Toujours plus*, François de Closets dresse une liste de tous ces avantages «non déclarés»[1]. Selon lui, tous ces privilèges engendrent des inégalités; j'ajouterai qu'ils sont également source d'indépendance pour les individus qui en bénéficient.

De Closets précise: «Oh! L'argent est important et je n'ai garde de l'oublier. Seulement, le «reste» ne l'est pas moins et il serait tout aussi grave de l'omettre... On y trouve pêle-mêle la sécurité de l'emploi, l'âge de la retraite, les horaires et les congés, la protection syndicale, la fermeture sur elle-même de la profession, le restaurant d'entreprise, les régimes fiscaux, les conditions de travail, les assurances maladie, les retraites complémentaires, les services sociaux, l'avancement à l'ancienneté, les possibilités de formation et de promotion, la considération sociale, l'importance de la pension...» Tous ces avantages qui touchent à la vie quotidienne sont également source de sécurité et de liberté. Pour les femmes tout particulièrement.

Un fonctionnaire s'étonne: «Dans mon service, il y a onze femmes. Sur les onze, sept sont divorcées ou séparées depuis moins de dix ans. Le plus frappant, ces derniers temps, c'est leur changement de ton. Elles sont loin, les geignardes de jadis! Les rôles de victimes ne tentent plus personne. Non seulement elles ne cherchent plus à se faire plaindre, mais elles assument leur situation de divorcées avec une sorte de crânerie militante. J'entendais l'autre jour, à la cafétéria, l'une d'elles conseiller à une jeune collègue, le nez dans un kleenex: "Il t'emmerde... fais tes valises!"» On sentait que ces femmes insoumises lui faisaient un peu froid dans le dos.

Les hommes ont raison de craindre cette libération de femmes-là. Voilà qu'après avoir pris la parole, elles se mettent à prendre la porte. Pour garder leurs épouses, il va falloir qu'ils se fassent aimer et apprécier au lieu de se faire servir et respecter. Les jeunes l'ont parfaitement compris, mais tous n'ont pas envie d'opérer cette reconversion. Tout laisse donc prévoir qu'elles seront de plus en plus nombreuses celles qui, au nom de l'indépendance que leur procure leur activité professionnelle, n'accepteront plus de porter à bout de bras un couple plein de peurs et de reproches.

Plus les femmes travaillent, plus elles divorcent

Inutile de se voiler la face: l'activité professionnelle des femmes est directement responsable du divorce-boom. Tous les chiffres le confirment[2]. En France, par exemple:

- Oui, le taux d'activité des femmes n'a cessé d'augmenter depuis quinze ans, le taux de divorce aussi;
- Oui, les catégories sociales où l'on divorce le plus sont également celles où l'on compte le plus de femmes exerçant une activité professionnelle: les cadres moyens et les employées. Tout le secteur tertiaire;
- Oui, la divorcialité est quatre fois plus élevée chez les couples où les deux travaillent que chez ceux où la femme reste au foyer;
- Oui, 51% des femmes qui divorcent exerçaient déjà une activité professionnelle avant la séparation;
- Oui, les deux tiers des demandes de divorce, émanent de femmes.

Ne comptez pas sur moi pour passer sous silence cette relation évidente entre l'activité professionnelle des femmes et la déstabilisation des liens conjugaux. C'est sans doute une des mutations les plus révolutionnaires, dans les sociétés occidentales, de cette seconde moitié du XXe siècle. Dans l'esprit de certains, ce rapport travail des femmes/divorce plaide en faveur d'un retour des femmes au foyer, de leur retrait du marché du travail. Pas dans le mien. J'ai une trop haute idée de la condition féminine et du couple pour imaginer que la dépendance financière soit une «bonne» raison de poursuivre et prolonger une vie commune mais malheureuse.

En période maternelle, certaines femmes ont le désir, et la possibilité, de faire un entracte professionnel de quelques mois ou années pour profiter de la petite enfance de leurs bébés. Elles ne devraient pas, pour autant, renoncer définitivement à l'autonomie financière. Je l'ai déjà écrit dans un autre livre, je ne peux que le répéter: Une femme qui a définitivement baissé les bras en rentrant chez elle, et qui ne voit son avenir que sous le signe de la casserole et du balai, court un risque énorme. Si jamais la seule source de revenus du ménage se tarit, comment fera-t-elle pour survivre? Voilà le vrai, le grand danger qui menace les femmes au foyer. Le mariage moderne ne représente plus une assurance garantie sur l'avenir. Les divorces concernent actuellement 25% des couples en moyenne, mais la moitié intervient chez les jeunes de moins de quarante ans. Toute jeune mère a donc une chance sur cinq de ne pas finir sa vie avec le père de ses enfants... La démission, l'assoupissement sont les grands périls qui menacent les femmes au foyer. Bien sûr, toutes ne sont pas en danger d'abandon ou de rupture, mais un grand nombre d'entre elles, inéluctablement, changeront de statut au cours de leur vie: de deux, elles se retrouveront seules.

Pour être sûre de faire face en cas de nécessité, aucune jeune femme ne devrait s'en remettre à sa bonne étoile ou à son homme miraculeux. En prenant la ferme résolution, même en plein bonheur, de garder le regard tourné vers le monde extérieur, toutes les femmes devraient être prêtes à repartir au travail dès la moindre menace de crise. Il ne faut pas s'endormir au volant de sa vie, les accidents conjugaux ne brisent pas que le coeur.

Les habitudes familiales éclatées

Quel que soit votre âge actuel — à condition que vous soyez adulte, sinon vous ne seriez probablement pas lecteur de ce livre —, essayez de faire un effort de mémoire et de vous souvenir en détail des habitudes de vie qui étaient la règle chez vos parents quand vous étiez enfant. Comment se déroulaient les journées, les semaines, les années? Quelle importance attribuait-on aux différents gestes et rites de la vie quotidienne? Quel rôle jouait chacun dans l'organisation de la cellule familiale? Comment s'établissaient les relations entre les membres de la maisonnée?

Vous souriez rétrospectivement en pensant à la ponctualité de votre père pour se mettre à table, au mal que se donnait votre mère pour assurer le bienêtre matériel de chacun sans que son «dévouement» soit toujours reconnu, au charme discret mais un peu ennuyeux des dîners du dimanche chez votre grandmère, au rythme immuable de la dinde de Noël, des nettoyages de printemps et des vacances d'été. Vous n'imagineriez plus aujourd'hui de vivre de cette façon. Ni vous ni vos enfants. Pourtant, ces souvenirs ont un parfum de nostalgie.

Comparez maintenant ce mode de vie avec celui qui est actuellement le vôtre. Quel chambardement!

Les habitudes familiales vous semblent comme éclatées. Si, dans votre ménage, les deux travaillent à l'extérieur, le nombre des repas pris en commun a presque diminué de moitié. Les menus eux-mêmes ont perdu de leur abondance et de leur complication. La diversité des activités de chaque membre de la famille vous oblige à une constante adaptation de vos emplois du temps. Il vous arrive parfois de prendre rendez-vous plus d'une semaine à l'avance pour entreprendre une démarche commune, effectuer des achats indispensables, ou tout simplement trouver un créneau pour aller au cinéma. La durée des absences hors de la maison ne cesse de s'étirer. Les transports mangent les heures, les loisirs et le sport occupent des journées entières, les vacances et les voyages professionnels ou d'agrément multiplient les nuits dans des lits «étrangers». Bien que le temps de travail raccourcisse légalement, le temps de vivre semble lui aussi se rétrécir de plus en plus. Une fois accomplies par priorité les obligations professionnelles et les tâches domestiques, il faut se reposer, se cultiver, maintenir sa forme et son corps, ménager des plages de solitude, partager des joies collectives, entretenir la maison et le jardin.

Les vies d'aujourd'hui regorgent d'activités, obligatoires ou facultatives. Il est de plus en plus acrobatique de faire coïncider les désirs et les devoirs des uns et des autres. La vie familiale devient, de ce fait, une vaste négociation entre conjoints, entre parents et enfants, entre générations. Une constante remise en question des objectifs et des méthodes de l'entreprise «Famille». Comme elle paraît loin la belle autorité décisionnelle du *pater familias* qui tranchait au nom de son statut de chef de famille! Du paternalisme, on est passé à l'autogestion. Avec tous les avantages qu'elle présente — respect de la personne, sens des responsabilités et de l'initiative développé, autonomisation des individus —, mais aussi avec ses écueils. Si les membres du groupe ne sont pas d'ac-

52

cord sur les objectifs, si leurs démarches intellectuelles ou leurs méthodes de travail divergent, si leurs caractères se heurtent, le fonctionnement devient hasardeux. Que viennent se greffer, sur cette situation explosive, des difficultés extérieures liées à la conjoncture, et les risques d'échec augmentent considérablement. C'est bien ce qui se passe dans les couples modernes où l'éventail sans cesse plus ouvert des choix existentiels multiplie les occasions d'affrontements et de divergences. Ceci est vrai en période d'expansion, mais reste valable en situation de crise. Pas facile alors de se restreindre: il faudrait être totalement d'accord sur l'ordre des priorités.

La fin des normes et des règles

Il n'y a pas que la comparaison de génération à génération qui permette d'apprécier l'extraordinaire diversification des modes et des styles de vie. Il suffit de regarder autour de soi, dans son environnement familial ou professionnel, pour être étonné du mélange, souvent détonant, des mentalités et des comportements. Entre frères et soeurs, entre cousins, entre collègues, entre voisins d'un même immeuble ou d'une même banlieue, la variété des habitudes et des attitudes est sidérante. Les normes collectives deviennent denrée rare, les règles morales se taillent sur mesure. Chacun est obligé de redéfinir les lois de son univers personnel en fonction de ses besoins, de ses désirs, de son éthique, de l'éducation reçue, de l'environnement social. Comment, dans ces conditions, éviter les malentendus entre partenaires d'un couple si, au jeu de la vie quotidienne, il n'y a plus de règles définies d'avance et reconnues par tous? Le déroulement de la partie dépend entièrement de la volonté des joueurs de ne pas s'envoyer les cartes à la tête.

L'éducation des enfants, par exemple, jadis source de cohésion et d'action commune des parents, s'avère de plus en plus une pomme de discorde. Freud, Spock, Montessori, Dolto et les autres ont cassé la bonne conscience éducative et remis en question l'infaillibilité de Papa et Maman. Comme toutes les redéfinitions de rôles, celle-ci est génératrice de conflits.

Quand Armand P..., 34 ans, essaie de disséquer le processus de son divorce, il attribue une très large part de responsabilités au désaccord fondamental entre sa femme et lui sur la façon d'élever leur fils. En tant que médecin, il avait des idées très précises sur la psychologie infantile, même s'il ne prenait pas le temps de les mettre lui-même en application. «La venue de mon fils a révolutionné ma vie. D'accord, je ne m'occupais pas du bébé sur le plan matériel, mais je l'aimais passionnément. Dans un premier temps, ma femme me disait que c'était bien comme ça, elle s'était arrêtée de travailler pour l'élever, elle trouvait donc normal de se charger de tout. Très vite, pourtant, les choses ont tourné à l'aigre. Elle maternait trop cet enfant, elle lui cédait tout, il ne savait rien faire tout seul, ne supportait pas la moindre contrariété. Pendant trois ans, nous nous sommes livré une bataille constante, presque quotidienne. Quand je me permettais une simple remarque, elle me rétorquait que c'était elle qui faisait tout le travail à la maison et qu'elle avait le droit d'élever son fils comme bon lui semblait. Dans sa tête, *son* fils n'était pas *mon* fils, ni même *notre* fils. D'ailleurs, ajoutait-elle, à voir ma façon de me comporter, elle n'était pas sûre que la sévérité que j'admirais tant chez mon père donnait de tellement bons résultats plus tard. Quand nous avons divorcé, elle a obtenu la garde de mon fils, j'ai cru mourir de chagrin. Les femmes n'ont pas le monopole du coeur avec les enfants; physiologiquement, rien n'a prouvé que les enfants aient plus besoin de leur mère que de leur père...»

Cette discorde éducative a tellement traumatisé Armand qu'il hésite encore, trois ans après son divorce, à tenter une nouvelle expérience paternelle: «La jeune femme avec laquelle je vis a vingt-cinq ans, elle désire un enfant. Mais j'ai peur d'en avoir un autre. Pourtant je veux l'épouser, je vais le faire... mais j'ai peur!»

Il ne s'agit pas de prétendre que ce genre de désaccords sur les façons d'être et d'agir ne ravageaient jamais les couples des générations précédentes. Néanmoins, ces querelles ont pris depuis quelques années une intensité particulière. Les grandes interrogations qu'a entraînées la mise en place de la société actuelle n'ont pas abouti aux mêmes conclusions chez tout le monde. Le féminisme a bouleversé la vie des unes et glissé sur l'existence des autres. Plus le niveau général d'éducation et d'information augmente, moins les idées reçues se transmettent et s'acceptent, plus les idées personnelles s'affirment et s'expriment. Si bien que les différences de mentalités et de modes de vie, que l'on croyait inhérentes au fameux fossé entre les générations, existent tout autant entre individus du même âge. On peut avoir vingt-cinq ans tous les deux, être amoureux, et n'avoir pas forcément évolué au même rythme, reconnu les mêmes valeurs, négocié les mêmes virages, conservé les mêmes traditions. Le pronostic sur l'entente du couple risque alors d'être réservé!

Les chercheurs ont démontré que la plupart des jeunes qui cohabitent et se marient choisissent leur partenaire dans le même milieu social, souvent aussi dans la même région géographique que les leurs. C'est ce qu'on appelle l'homogamie[3]. Est homogame un couple dont les deux partenaires partagent le maximum de caractéristiques communes: origines géographiques, lieu de résidence, catégorie socio-professionnelle des parents, religion, niveau d'instruction, activité professionnelle, âge, culture, etc.

À l'opposé, on appelle couples hétérogames ceux qui présentent les différences les plus marquantes dans leur curriculum vitae. Le plus hétérogame des couples pourrait, par exemple, être composé d'une femme de 35 ans professionnelle, née dans une grande ville, et d'un ouvrier de 25 ans, originaire d'une région rurale.

Du temps où les parents «choisissaient» les meilleurs partis pour leurs enfants, l'homogamie était soigneusement organisée et respectée. Il est plus étonnant de constater qu'elle reste de règle aujourd'hui, même quand les «fiancés» ont l'impression de n'obéir qu'aux élans amoureux. Tout se passe comme si le coeur avait des raisons — extrêmement raisonnables — de ne battre la chamade qu'en présence d'un partenaire homogame. Les sociologues ont toujours considéré l'homogamie comme un facteur de stabilité de la société.

L'homogamie semble composer des couples plus résistants que les autres à l'usure de la vie commune. Une fois élimées les premières chaînes de la passion, la trame de la «culture» commune préserve la solidité du tissu conjugal. Tout prouve, dans les études récentes, que plus on se ressemble, moins on divorce. Même l'âge doit être apparié. Contrairement à ce que croyaient les marieuses et les mères de filles de jadis, contrairement à ce que voudraient croire les fringants quinquagénaires de maintenant, il n'est pas bon que, dans un couple, l'homme soit plus âgé que la femme. Bien au contraire, la palme de la conjugalité revient aux couples dont la femme est très légèrement plus âgée que le mari (d'un à quatre ans); viennent ensuite les conjoints du même âge, puis, presque à égalité, les couples où l'homme a quelques années d'avance. Mais pas plus de cinq ans. Au-delà, c'est l'aventure: plus l'époux prend de l'âge, plus le couple s'avère fragile. Il semblerait que les minettes qui choisissent d'épouser l'image de Papa s'en lassent rapidement[4]!

On peut cependant se demander si, depuis quelques années, l'homogamie n'a pas perdu une partie de ses vertus, même pour ceux et celles qui la respectent dans le choix de leur partenaire. Les grands changements de mentalités et d'attitudes dans la société contemporaine n'ont pas été intégrés de la même façon par les uns et par les autres. À l'intérieur d'un même milieu social ou d'un même lieu géographique, les modes de vie et les valeurs ne se correspondent plus forcément. Jadis, quand, dans une ville de dix mille habitants, la fille du menuisier épousait le fils du plombier, l'un et l'autre avaient toutes chances d'apporter dans la corbeille de mariage le même style de vie. Ils avaient à peine besoin d'en parler, tellement cet accord semblait évident. Il leur suffisait de regarder vivre les parents l'un de l'autre pour savoir à quoi ils s'engageaient. Désormais, la fille et le fils de deux commerçants voisins peuvent envisager leur avenir de façon radicalement différente. Il suffit qu'une des familles soit depuis longtemps montée dans le train du progrès et du libéralisme, alors que l'autre aura choisi de garder ses pantoufles. Je me souviens d'un bourg de Provence où le marchand d'articles de sport, à la belle saison, faisait du nudisme chaque dimanche avec sa femme et ses enfants. Quelques mètres plus loin, l'horloger vitupérait la débauche de la jeunesse actuelle: «Chez moi, Madame, on ne verra pas mes filles amener des petits «copains». Je les ai prévenues: ou elles seront *sérieuses*, ou elles ne pourront pas compter sur leur père pour payer leurs études.» Si un jour le fils de l'un tombe amoureux de la fille de l'autre, leur homogamie ne sera qu'apparente...

J'ai assisté récemment à une réunion d'anciens élèves d'une même université. L'extraordinaire diversité des couples présents m'a fascinée. Professionnellement, tous appartenaient au même milieu: fonctionnaires, professeurs, cadres de l'industrie et du commerce. Conjugalement, la variété des situations était infinie: mariés classiques et persistants, divorcés non remariés, cohabitants non mariés, divorcés-cohabitants, remariés pour la première fois, remariés pour la deuxième fois... Dans ma jeunesse, les couples de fonctionnaires portaient l'uniforme physique et moral de leur condition. Ils étaient conventionnels avec leurs colliers de perles et leurs chemises blanches, ils étaient conformes avec leurs fils à bicorne et leurs filles élevées dans des institutions sérieuses, ils étaient convenables avec leurs amants cachés et leurs maîtresses acceptées. Je parierais qu'aujourd'hui la majorité des couples de moins de trente-cinq ans, dans la même catégorie socioprofessionnelle, ne sont plus «convenables», n'acceptent plus de se «conformer», ne partagent plus automatiquement les mêmes conventions. Sans doute tentent-ils comme la plupart d'entre nous, au prix de beaucoup d'hésitations, d'échecs et de désillusions, mais aussi à coups de progrès, de découvertes et d'enrichissements, d'être enfin eux-mêmes et de mener la vie qui leur convient.

Une quête qui n'est déjà pas si facile à mener pour son compte personnel, mais qui devient incroyablement compliquée quand on doit la poursuivre à deux. Surtout depuis que les modèles de femmes et d'hommes se sont diversifiés.

La redéfinition des rôles

La vague du féminisme militant est curieusement retombée dans la plupart des nations occidentales depuis le début des années 80. Peu de manifestations publiques, presque plus de livres ni de pamphlets, une presse féminine volontairement modérée dans le ton, et, surtout, de moins en moins de discussions amicales ou familiales: la libération des femmes ne fait plus «la une», comme disent les journalistes. On pourrait en déduire un peu vite que les idées féministes n'intéressent plus personne parce qu'elles ne correspondraient pas aux aspirations profondes de la majorité des femmes. On a même parlé, dans certains pays comme l'Italie, de «reflux», d'un retour en arrière au profit des valeurs traditionnelles de la féminité.

Je suis persuadée qu'il n'en est rien. Si les femmes ne revendiquent plus, haut et fort, sur la place publique pour obtenir la reconnaissance de leurs droits et le changement de leur condition, c'est parce qu'elles ont largement obtenu satisfaction — justifiant d'ailleurs par là l'agressivité militante de certaines pasionarias de cette cause. Libéralisation de la contraception et de l'avortement, nouveau statut de la famille, reconnaissance de l'égalité des salaires et des droits professionnels, égalité des chances dans les études supérieures, protection sociale individualisée sans tenir compte du statut matrimonial: le travail législatif de ces dix dernières années a été remarquable. Ne pas le reconnaître serait faire montre d'ingratitude. Mais c'est sans doute à l'intérieur du couple, dans les relations quotidiennes entre hommes et femmes, que la pénétration des idées féministes a été la plus spectaculaire. Même chez ceux et celles qui se défendent de les partager, elles ont entraîné une redistribution des rôles qui n'a pas fini de faire de profonds remous dans notre société.

Cette remise en question des personnages masculins et féminins est certainement pour beaucoup dans le divorce-boom des dix dernières années. La nouvelle attitude des femmes, liée à l'évolution de la condition féminine, est en effet trop récente pour ne pas avoir entraîné de formidables malentendus.

Malentendus au premier degré quand l'homme, élevé sans doute dans une structure familiale très traditionnelle, avec une mère-femme-au-foyer, a cru embaucher une femme de ménage en se mariant. Si le travail domestique n'est pas fait convenablement, il peut tenter de licencier en divorçant. Vous pensez que j'exagère? Lisez plutôt cet extrait du rapport du juge aux Affaires matrimoniales de Strasbourg, daté de 1981: «Le mauvais entretien du domicile conjugal est fréquemment invoqué par les maris qui n'ont pas d'autres griefs à formuler à l'encontre de leur épouse, et qui désirent divorcer... Ce grief est souvent invoqué en Alsace, où la conception classique du rôle de la femme réduite à celui de maîtresse de maison demeure encore bien ancrée. Le tribunal a, dans sa jurisprudence sur ce point, introduit une nuance. Si l'épouse n'exerce aucune profession salariée, le mauvais entretien du logement familial peut constituer une cause de divorce, mais un simple désordre ne saurait suffire. Si l'épouse exerce une profession salariée, le tribunal estime qu'il doit y avoir un partage des tâches ménagères et que ce grief est inopérant[5].» À bon employeur, salut!

Moins primaires et plus fréquents, les malentendus au deuxième degré quand l'homme et la femme n'arrivent pas à se mettre d'accord sur le rôle que chacun souhaite jouer à l'extérieur comme à l'intérieur de la cellule familiale. Je pourrais citer cinquante exemples de ces couples qui ne résistent pas au choc du changement — mari qui connaît une ascension professionnelle rapide avec une femme qui ne suit pas, mari assumant mal la réussite de sa femme qui fait une carrière plus rapide et plus intéressante que la sienne, femme brillante mais qui ne s'intéresse pas du tout à la bonne marche du foyer, mère fanatique qui donne à l'homme l'impression d'être négligé au profit de l'enfant —, les cas de figure ne manquent pas. Ils démontrent simplement qu'on ne vit jamais longtemps avec la personne que l'on a épousée: au fur et à mesure que les années passent, il faut accepter les mutations de l'autre et les intégrer à sa propre évolution. Plus ces changements sont rapides, plus la mobilité de chacun est grande, plus les risques de conflit augmentent.

Le découpage du scénario d'un divorce tout à fait ordinaire, celui de Pierre et Marie, permet de bien analyser comment le malentendu peut conduire à la rupture:

Scène I: Pierre et Marie ont 22 et 20 ans. Ils s'aiment. Pierre finit ses études à l'université, il en a encore pour deux ans. Marie a interrompu les siennes. Elle travaille avec ses parents dans leur petite entreprise familiale de confection. Elle admire la supériorité intellectuelle de Pierre. Il joue un peu les machos, mais elle est amoureuse: «Pauvre chéri, c'est tellement dur d'étudier toute la journée.» Elle assure l'essentiel des revenus du couple, d'autant qu'ils habitent dans un petit appartement de deux pièces que ses parents à elle ont gentiment mis à la disposition des «fiancés». La relation femme active/homme dépendant ne gêne pas Pierre, parce qu'il l'estime provisoire.

Scène II: Pierre et Marie ont 25 et 23 ans. Pierre a trouvé une bonne situation de départ. Ils se marient et décident d'avoir un bébé. Marie en rêve, Pierre se sent très fier à l'idée d'avoir un fils. Coup de chance: c'est un garçon. Pas question de rester à trois dans le deux-pièces. Déménagement en banlieue: les loyers en ville sont inabordables pour les jeunes ménages. Bébé + distance: Marie décide d'arrêter de travailler, son job ne la passionnait d'ailleurs pas vraiment. Ils vivent ainsi deux ans. Marie s'ennuie un peu et fait de temps en temps la gueule. Pierre est enchanté, sa situation s'améliore — avec des horaires de plus en plus tendus. Il se considère comme un parfait mari, fidèle et travailleur. La relation femme-au-foyer/homme-superactif satisfait encore les deux: Marie, parce qu'en période maternelle elle se sent le besoin d'être protégée, Pierre parce qu'elle lui permet de s'affirmer comme un adulte à part entière.

Scène III: Pierre et Marie ont 27 et 25 ans. Marie décide de rechercher du travail. Elle trouve une situation d'assistante dans un laboratoire pharmaceutique, non loin de chez elle. Elle met le fils à la garderie et consacre une partie de son salaire pour en défrayer le coût. Pierre trouve cette solution stupide financièrement et néfaste pour le petit. Marie s'éclate dans son boulot, elle prend des responsabilités, rencontre des gens passionnants, différents. Pas question qu'elle s'arrête. Chacun commence à suivre une trajectoire divergente, mais la relation tient encore bon — ils ont une sexualité satisfaisante et tous deux adorent leur fils —, quoique des failles apparaissent. Les disputes et les reproches commencent.

Scène IV: Pierre et Marie ont 29 et 27 ans. Le ménage marche sur trois pattes. Chacun se persuade qu'il vaut mieux rester ensemble à cause du fils. Jusqu'au jour où on propose à Pierre une situation intéressante, à une condition: il doit faire un stage de trois ans en province. Quand il en parle à Marie, celle-ci lui conseille d'accepter, mais précise bien qu'elle ne l'accompagnera pas. Pendant une semaine, toutes les nuits, ils se sont tout dit. Puis Pierre a accepté. Pour l'instant, ils n'ont pas encore demandé le divorce, mais, qu'ils restent mariés ou non, tous deux savent qu'ils ne sont plus un couple. Leur relation, déjà fragilisée par la variété des personnages qu'ils avaient assumés ensemble pendant sept ans, n'a pas résisté à un changement de plus: la mobilité professionnelle de Pierre.

Qui a tort, qui a raison dans cette disjonction? Tous les deux et aucun des deux. Impossible de juger. Ils ne se sont pas mentis, ils ne se sont pas trahis puisqu'ils ne savaient pas, le jour où ils ont commencé à s'aimer, ni qui ils deviendraient, ni avec qui ils auraient envie de vivre à l'approche de la trentaine.

Ces divorces pour cause de changement de personnage sont de plus en plus fréquents chez les moins de 35 ans. Ils sont dus, en fait, à la formation très précoce des couples, à un âge où les personnalités n'ont pas fini d'évoluer. Avec le développement de la cohabitation juvénile, les adolescents se fixent de plus en plus jeunes, parfois dès 18/20 ans, dans une relation presque «conjugale». Au moment où va s'opérer leur double entrée dans la vie active et où la venue d'un enfant va transformer radicalement leur style de vie, les rôles masculin et féminin doivent être définis d'un commun accord. Quand cet accord ne se fait pas, le couple vole en éclats. Le nombre des divorcés hommes et femmes de 25/34 ans a presque triplé entre 1968 et 1979. La précocité des divorces s'accroît: cinq ans est l'ancienneté de mariage la plus fréquente au moment du divorce. Cinq ans + deux ans de cohabitation juvénile: on retrouve le chiffre cabalistique de sept années de vie commune dont on a toujours dit qu'il était fatal aux ménages mal accordés.

On peut d'ailleurs admettre que les divorces tardifs, au-delà de quarante/cinquante ans, correspondent à cette même loi du changement. Au moment où certaines femmes doivent se «reconvertir» parce que leur personnage de mère n'occupe plus la place primordiale qu'il tenait dans leur vie. Au moment où certains hommes remettent en question leur fanatisme professionnel et s'interrogent sur le sens à donner à leur vie dans son dernier tiers. À ces charnières-là aussi, le changement remet les couples en questions — je mets volontairement le mot au pluriel, car ceux qui traversent ce genre de crises s'en posent plus d'une!

En 1970, Alvin Toffler écrivait: «Le mariage conventionnel s'avérant de moins en moins apte à remplir sa promesse d'amour éternel, on peut prévoir que le mariage temporaire sera bientôt universellement accepté... Les couples sauront que lorsque leurs routes s'écarteront, quand le hiatus sera trop profond entre leurs niveaux de développement respectifs, ils pourront retirer leur épingle du jeu, sans

drame ni gêne, peut-être même sans éprouver le chagrin qui est aujourd'hui le lot du divorce...[6]»

Comme tous ceux qui se risquent à faire de la
prospective, Toffler avait à la fois annoncé l'essentiel
— le divorce-boom — et oublié l'essentiel — la com-
plexité des sentiments humains. Même si le divorce
n'est plus condamné moralement, même s'il est
explicable socialement, même s'il est banalisé, géné-
ralisé, normalisé, il reste une rupture affective difficile à assumer.

Il fait encore du chagrin, beaucoup de chagrin!

V

La maladie du désamour

L'an dernier, comme je préparais ce livre, j'ai dû subir une intervention chirurgicale. Il s'agissait de me rendre l'usage de ma main droite gravement endommagée par une morsure de chien; la paralysie du pouce et de l'index me guettait. Je vais très bien, merci, puisque j'écris: je ne vous raconte pas cela pour me faire plaindre!

Cet accident de santé, où je ne risquais certes pas la mort, mais dont dépendait toute la qualité de ma vie future, m'a fait réfléchir sur les mécanismes psychologiques qui entourent une intervention chirurgicale. Ils ressemblent étonnamment à ceux qu'engendre un divorce. Avant, pendant et après *l'opération*, on retrouve la même panoplie de sentiments. Dans l'ordre ou dans le désordre: interrogations, remises en question, affliction, dépression, réactions, hésitations, appréhensions, démission, motivations, décisions, négociations, résolutions, explications, justifications, concessions, déception, mutilation, rééducation, libération, satisfaction, résurrection... ou aggravation.

Nous allons essayer de suivre les étapes psychologiques que traversent la plupart des divorcés avant d'«opérer» une rupture. Cela permettra de comprendre comment, après beaucoup de souffrances et de remises en cause, ils en arrivent à trancher dans le vif de leur tissu relationnel pour guérir de leur maladie conjugale.

Au fil de cette comparaison entre accident physiologique et maladie conjugale, il est probable que la majorité des divorcés se reconnaîtront: c'est normal, la plupart des anthropoïdes se ressemblent. Ils disposent d'un registre affectif bien délimité; face aux événements, ils développent des sentiments et des comportements très proches les uns des autres. Seules la durée de résistance et l'intensité des réactions varient selon les tempéraments.

Il y a des naturels «heureux» qui supportent en fait très mal de patauger dans le malheur, qui sont prêts à prendre tous les risques pour sortir au plus vite de situations qui les font souffrir. À l'inverse, certaines natures pessimistes, qui portent en tout état de cause leur condition humaine comme une croix, acceptent de vivre beaucoup plus longtemps en mauvaise santé conjugale. La durée de résistance à une situation douloureuse dépend aussi de la place qu'occupe l'organe souffrant dans la vie de chacun. La maladie conjugale n'est pas ressenti de la même façon par un homme hyperactif dont la profession nécessite de nombreux déplacements à l'étranger et par une femme au foyer qui investit la plus grande part de ses intérêts dans sa vie familiale.

De même, plus l'amour a tenu une place importante dans le vécu quotidien d'un couple, et plus le désamour paraîtra traumatisant. Pour consoler un peu ceux qui souffrent de désamour, je leur dirai que les spécialistes sont tous d'accord sur un point: l'importance de l'investissement affectif qui caractérise le mariage moderne a pour corollaire direct le divorce quand le sentiment amoureux a cessé d'exister. Inutile de culpabiliser sur ce point précis — il y a tellement d'autres occasions de se sentir coupable! —: on ne divorce pas par manque d'amour au départ; au contraire, plus on s'est aimé, plus dure risque d'être la chute quand l'autre vous tombe du coeur.

En fait, durée et intensité mises à part, tous les divorces se ressemblent. Quand on demande aux uns et aux autres de raconter leur rupture, chacun a l'impression que son histoire est unique — c'est vrai qu'elle est *unique* pour lui personnellement, puisque c'est à lui personnellement qu'elle est arrivée! —, néanmoins je suis obligée de constater que les péripéties du désamour finissent par s'inscrire dans des normes d'une étonnante banalité.

Pas de divorces sans larmes

Par exemple, pour les femmes — pour beaucoup d'hommes aussi quand ils veulent bien se montrer tout à fait sincères! —, il n'y a pas de divorces sans larmes. Tant qu'on se pose des questions les yeux secs, c'est qu'on n'en est pas encore arrivé au point de non-retour. Toutes les ruptures définitives ont les yeux rouges. Une de mes interviewées s'est curieusement révoltée contre ce déterminisme pleurnichard: «Au moment le plus cruel de nos déchirements, je n'en pouvais plus de ressasser constamment les mêmes questions sans réponses. Je décide d'aller consulter un "psy" pour qu'il m'aide à y voir plus clair dans le magma de mes contradictions. Je m'assieds en face de lui, impossible de faire le récit de mon "infortune" sans me mettre à pleurer comme une fontaine. Je me sens déjà humiliée de cette sensiblerie. Alors, sans se rendre compte de ce qu'il est en train de faire, le "psy" met le comble à ma confusion. Imperturbable, en me voyant renifler, il ouvre le tiroir de gauche de son bureau, tire un kleenex et me le tend! Il y avait quelque chose de tellement routinier dans son geste que ça m'a galvanisée. Comment, moi je sanglote de culpabilité et de tristesse, et lui me propose un mouchoir en papier pour éponger mes angoisses! Quand, à la fin de l'entretien, il m'a suggéré un traitement de plusieurs mois à raison de deux ou trois fois par semaine, j'ai pris la ferme résolution de me dépatouiller toute seule. Je ne viendrai pas m'effondrer régulièrement dans ce même fauteuil — sur ce même divan — où viennent chialer chaque semaine des dizaines de clientes!»

Intéressant réflexe d'amour-propre. Mais pourquoi faudrait-il souffrir de façon originale pour être sûre de souffrir vraiment?

En tout cas, une chose est certaine, même si elle n'est pas originale: il faut souffrir pour divorcer. Les couples qui ne souffrent pas ne divorcent pas. Ou alors ils n'étaient pas ou plus des couples! J'insiste sur ce point, car il est important. Il existe en matière de divorce, comme en beaucoup d'autres domaines, des gens qui vous accusent d'encourager quand vous informez. Le seul fait de reconnaître que le divorce-boom existe leur paraît une incitation à la rupture. Il s'agit des mêmes Tartuffe qui prophétisaient une vague d'avortements du seul fait qu'un débat national et honnête avait lieu sur le sujet. Je peux donc les rassurer: enquête faite, on ne divorce ni pour faire comme tout le monde, ni pour s'amuser, ni pour voir l'effet que ça fait, ni pour céder à la pression de son entourage, ni pour faire plaisir à un tiers, ni pour ses enfants, ni pour son argent, ni même pour son amant — on divorce *pour soi*. Uniquement *pour soi*. Pour cesser d'avoir mal, trop mal à son couple pour accepter de continuer, trop mal pour espérer le sauver.

Combien de fois ai-je entendu affirmer que les hommes et les femmes d'hier avaient des caractères mieux trempés que les nôtres pour réussir à vivre ensemble toute leur vie? Ma pauvre dame, ils sont bien dégénérés les gens d'aujourd'hui, ils se séparent dès qu'ils ne peuvent plus se souffrir. (Notez au passage la signification très lacanienne de cette expression populaire «*ne plus se souffrir*»; plus supporter de souffrir ensemble, tenter de se séparer pour ne plus souffrir ensemble, n'est-ce pas précisément une des motivations évidentes du divorce?) Je crois au contraire que les couples d'aujourd'hui ressemblent à s'y méprendre à ceux d'hier. Il en est sûrement autant de sains, autant de souffrants/guérissables, autant de malades/condamnés. Ce qui diffère, c'est le traitement des couples incurables. Au lieu de laisser la tumeur de la mésentente ronger leurs organismes jusqu'à la dépression, la haine et parfois même la folie, au lieu de se livrer au mensonge, à l'affrontement, au déchirement et à l'hypocrisie, ils peuvent désormais «opérer» une séparation sans que la société se mêle de ce qui ne la regarde vraiment pas. Le divorce est devenu une affaire privée à régler entre deux individus. Personnellement, j'estime qu'il s'agit là d'un progrès, comme est progrès tout ce qui affermit la liberté individuelle. Même si cela pose parfois des problèmes malaisés à assumer.

Pour en revenir à la comparaison entre chirurgie et divorce, reconnaissons que si les progrès de la science ont considérablement réduit les risques opératoires et augmenté les chances de guérison, personne, pour autant, n'a jamais envisagé de passer la table d'opération pour le plaisir ou par curiosité. On ne se décide à se faire opérer que du jour où les médicaments ne réussissent plus à vous soulager et une fois convaincu qu'il s'agit bien de la seule solution pour récupérer un corps en meilleur état de marche. Pour le divorce, c'est la même chose. On n'en vient à cette solution qu'une fois la maladie conjugale reconnue et ressentie, la dégénérescence irréversible, l'espoir abandonné. La difficulté est que, contrairement à ce qui se passe en chirurgie, le patient d'un divorce n'est pas seul en cause. Ce qui semble indispensable à l'un peut être fortement refusé par l'autre. Comme l'a dit fort justement un avocat: «On a beau divorcer en même temps, on ne divorce pas forcément ensemble[1].»

Les responsabilités sont toujours partagées

Qu'est-ce qui s'est passé? Comment est-ce possible? Qu'avons-nous fait pour en arriver là? D'où vient que cet homme que j'ai tant aimé me soit devenu soudain ennemi/étranger? Pourquoi cette femme avec qui j'ai partagé tant de moments de bonheur m'insupporte-t-elle/m'indiffère-t-elle à ce point? À quel moment aurions-nous pu/dû éviter cette rupture? Qui a tort, qui a raison?

Tous les divorcés connaissent cette litanie des comment et des pourquoi. Elle hante leurs nuits d'insomnie pendant des mois, parfois des années. Pour tenter d'apaiser leur culpabilité, de surmonter leur sentiment d'échec, de mettre de l'ordre dans leur chaos intérieur, ils cherchent des explications logiques, des responsabilités franchement délimitées. Les progrès de la psychologie, sa très large vulgarisation n'ont pas facilité leurs recherches. Autrefois, quand un divorce supposait forcément un(e) coupable, il était plus simple de s'y retrouver. L'infidèle pouvait être blâmée, la brute condamnée, le prodigue chassé, le conjoint/victime drapé dans son honneur bafoué ne nageait certes pas dans le confort moral, mais il pouvait se consoler dans sa dignité retrouvée. C'était commode, en somme, on attrapait cette sale maladie conjugale parce que l'autre vous la collait. De là à penser qu'il l'avait attrapée avec une femme de petite vertu ou un homme de mauvaise vie, il n'y avait qu'un pas, facile à franchir!

Les choses ont bien changé. Il faut être «simple d'esprit» pour croire encore à ces histoires de bons et de méchants quand il s'agit d'amour et de couple. En matière de sentiments et de relations humaines, les responsabilités sont toujours partagées: en bien comme en mal. Entre ce qui se vit et ce qui se dit, il y a un monde: le monde secret et inquiétant de l'inconscient.

N'étant pas «psy» de formation, je n'entrerai pas dans les explications subtiles sur la façon dont les complexes hérités de notre petite enfance déterminent à notre insu tout notre comportement relationnel, particulièrement à l'intérieur du couple. J'ai lu sur ce sujet un livre d'un disciple américain de Freud[2]: terrifiant! D'autant que, pour une fois, et contrairement aux auteurs français, il était parfaitement compréhensible. En gros, l'auteur démontrait avec une conviction implacable qu'au moment de la formation d'un couple notre inconscient nous incite à choisir un compagnon de névrose pour satisfaire nos propres instincts sado-masochistes. Ceci, totalement à l'insu de notre personnalité consciente. Le cercle infernal, en somme, puisque d'une part l'inconscient cherche à se mettre dans une situation conflictuelle qui le satisfasse, tandis que le conscient, très logiquement, se révolte contre cette situation! La plupart des divorces pourraient être évités si on couchait les deux conjoints sur le divan des psychanalystes au lieu de les laisser s'entre-déchirer dans un lit!

Suivait la liste des quatorze types de mariages névrotiques. Il me paraît intéressant de vous la soumettre, pour que vous puissiez éventuellement faire le diagnostic de votre propre névrose. Sont donc considérés comme névrotiques les quatorze styles de mariages suivants:

1) Ceux qui supposent l'infidélité systématique et organisée de l'un des conjoints (*pas seulement des petites aventures épisodiques*[3]);

2) Ceux qui donnent lieu à des scènes de jalousie constantes et pas forcément justifiées, résultant d'un conflit de la petite enfance chez le partenaire jaloux;

3) Ceux qui sont marqués par une envie impulsive d'abandonner le partenaire (*la fameuse race des acheteurs d'allumettes qui disparaissent sans laisser d'adresse*);

4) Ceux dont la sexualité est associée de façon désastreuse à la notion d'interdit (*la levée des tabous au sein du couple légitime supprime le désir*);

5) Ceux chez lesquels le conjoint ne sert que d'alibi pour satisfaire les désirs de l'inconscient;

6) Ceux qui ont une peur obsessionnelle du mariage et cherchent refuge dans le divorce;

7) Ceux qui manquent de tendresse et d'affection (*pouvant aller de la froideur à la cruauté mentale*);

8) Ceux où l'un des partenaires a établi une relation narcissique en choisissant un conjoint qui est une caricature de lui-même;

9) Ceux où l'on se sert constamment d'une tierce personne pour humilier le conjoint

(«*Regarde ton ami Paul, en voilà un qui a bien réussi*» — *sous-entendu: pas toi*);

10) Ceux où le conjoint est constamment utilisé comme cible pour libérer son agressivité (*plus fréquent dans le sens femme/homme*);

11) Ceux qui utilisent le complexe du «sauveur» aussi bien comme motif pour se marier que pour divorcer («*Que deviendrais-tu si je ne t'épousais pas?*»; «*Mieux vaut que je te laisse, c'est pour ton bien, je ne suis pas assez bien pour toi...*»);

12) Les mariages basés sur une ambition névrotique (*dames qui épousent un statut social plutôt qu'un monsieur*);

13) Les mariages par dépit («*Puisqu'on m'a abandonné(e), j'en épouse très vite un(e) autre*»);

14) Ceux, enfin, dont le masochisme est le principal moteur.

En lisant cette liste, je suis sûre que vous vous êtes reconnu! Une ou plusieurs fois? Vous ou votre conjoint? Les deux? Tous ceux qui ont traversé de graves crises conjugales entrent forcément dans une de ces catégories. Le bon docteur ne pouvait pas se tromper: il a en fait décrit tous les cas de figure psychologiques de la maladie conjugale. Un problème, pourtant: une fois de plus, le diagnostic «psy» est impeccable, mais la thérapeutique n'est pas évidente. Les traitements «psy» aident sûrement ceux qui y recourent à se supporter un peu mieux eux-mêmes, mais rien n'indique qu'ils permettent de mieux supporter l'autre quand le couple est malade. Au contraire. En voici deux preuves:

• Parmi les divorcés que j'ai rencontrés, quatre ou cinq avaient demandé une aide «psy» (plutôt psychothérapie que psychanalyse). Ce qu'ils avaient compris ou assumé ne les a, semble-t-il, pas encouragés à rester mariés. Bien au contraire, tous m'ont affirmé que l'essentiel du traitement consistait à les aider à voir clair en eux-mêmes, et que cette recherche de leur «vérité» les avait plutôt incités à divorcer.

La remarque que m'a faite un jour un «conseiller conjugal» va tout à fait dans ce sens: «En fait, notre vocable professionnel ne correspond absolument pas au métier que nous exerçons ni à l'aide que nous pouvons apporter. Nous ne sommes *jamais* des donneurs de conseils, ni des spécialistes ès-conjugo. Ce terme de «conseiller conjugal», qui date d'une époque où l'assistance psychologique se voulait beaucoup plus directive dans ses méthodes, fausse certainement l'idée que le grand public se fait de nous. Combien d'hommes se rebiffent à l'idée d'aller étaler leur vie privée chez un *conseiller*? Il faudrait dire et répéter que nous sommes à la disposition de tous — célibataires, mariés, divorcés, remariés, cohabitants, homosexuels ou hétérosexuels — sans discrimination de statut et, surtout, sans implication de jugement ou de morale d'aucune sorte de notre part.» Voilà qui est dit et répété.

● Si les progrès de la «psy»/science aidaient les couples à surmonter leurs crises, les meilleurs conjoints du monde seraient les «psy» eux-mêmes. Presque tous ont suivi une psychanalyse didactique de plusieurs années avant de pouvoir exercer leur métier. Or le taux de divorce est remarquablement élevé chez ces professionnels. La majorité de ceux que j'ai rencontrés dans ma vie avaient plus d'un couple de longue durée à leur actif. Comme les «psy» sont particulièrement bien informés des détours de l'inconscient et des exigences du conscient, s'ils renoncent plus souvent qu'à leur tour à la monogamie perpétuelle, c'est que l'entreprise leur paraît trop souvent compromise. Au fond d'eux-mêmes, ils doivent partager le point de vue de l'observatrice extérieure que je suis: quand une relation conjugale est vraiment malade, mieux vaut y mettre fin en divorçant. Le fait que les thérapeutes ne soient pas à l'abri du divorce-boom prouve bien qu'il s'agit d'une maladie contagieuse qui peut frapper même les individus les mieux prémunis. Contagieuse et banale. Aussi banale que l'amour lui-même.

Amour et désamour se ressemblent

D'ailleurs, amour et désamour se ressemblent. L'un et l'autre enferment deux personnes dans un cercle qui les éloigne des réalités quotidiennes, les confronte l'une à l'autre dans une véritable tempête de sentiments contradictoires, les pousse à des excès verbaux dont elles ne se seraient jamais crues capables, leur fait accomplir des gestes qu'elles n'auraient jamais songé à faire en temps normal. Voici comment Francesco Alberoni décrit le processus de l'amour naissant, le moment où commence un déroulement d'événements inexorables qui vont modifier la vie entière:

«Quand on tombe amoureux, on continue longtemps à se répéter à soi-même qu'on ne l'est pas. Passé le moment au cours duquel l'événement extraordinaire s'est révélé, on retombe dans le quotidien et l'on croit qu'il s'est agi de quelque chose d'éphémère. Mais, à notre grand étonnement, cet événement surgit à nouveau dans notre esprit. Puis ce souvenir disparaît encore, nous estimons qu'il s'agissait d'un engouement passager et sans aucune importance. Et c'est peut-être vrai, car il est impossible, au début, de savoir s'il s'agit vraiment d'un amour naissant, c'est-à-dire d'une restructuration radicale du monde social dans lequel nous sommes intégrés et qui fait partie intégrante de nous-mêmes. Pourtant, si ce désir réapparaît, s'il réapparaît encore et s'impose à nous, alors nous sommes tombés amoureux[4].»

Comme le processus du désamour ressemble à cette description! Même refus, au début, d'attacher trop d'importance aux pensées qui vous agitent, même désir de poursuivre la vie comme elle se déroule, de rester intégré(e) dans la vie familiale que l'on a construite, même tourment. Rien n'est plus faux, à mon avis, que l'image d'un divorce «facile» entre gens de bonne compagnie — pourquoi pas entre copains!? — que propagent certains magazines à propos des vedettes de l'actualité. Tous les divorcés restent marqués, même des années plus tard, même quand ils sont tout à fait guéris, par ce lent, long et difficile travail de désintégration qui a rongé leur tissu conjugal. Tous se souviennent des trois signes avant-coureurs de l'irréparable, des trois symptômes qui permettent de faire soi-même le diagnostic de la gravité de sa maladie conjugale: l'illogisme dans les conduites quotidiennes, le dérèglement sexuel et la violence verbale ou physique.

L'illogisme des conduites quotidiennes

On a souvent décrit le dérèglement du comportement qui accompagne la naissance de l'amour. Les expressions populaires expriment très bien l'apparence démentielle de ces gestes et de ces paroles qui sortent de l'ordinaire: «elle lui a fait perdre la tête», «elle est folle de lui», «ils sont fous d'amour». Le désamour provoque lui aussi un remue-ménage intérieur qui entraîne des attitudes tout à fait inhabituelles. On pourrait multiplier les anecdotes: chemises du mari volontairement brûlées au repassage, clefs perdues du domicile commun, intrusions inexplicables dans les poches et l'agenda de l'autre, coups de téléphone raccrochés, refus de se mettre à table ou de faire à manger, mutisme absolu ou délire verbal... Chacun réagit selon son tempérament. Une chose est certaine: les actes les plus simples ne pèsent plus le même poids, dans le vécu quotidien, quand on est atteint par la maladie conjugale. On a l'impression d'être polarisé sur les faits et gestes de l'autre tout comme aux premiers temps de l'amour — mais en négatif.

Voici trois exemples de ces «délires». Les trois personnages qui me les ont racontés avaient l'air, quelques années plus tard, parfaitement équilibrés, «normaux». Ils souriaient vaguement de ces souvenirs qui leur paraissaient avoir été le fait de quelqu'un d'autre, dans une autre vie:

Louise, 40 ans: «J'étais sur la plage. Il faisait beau, les enfants jouaient quelques mètres plus loin. Nous venions chaque année en vacances depuis trois ans dans ce même endroit. Tout à coup, je me suis rendu compte que je pleurais en me bronzant. Des grosses larmes qui faisaient des cloques humides sur le sable sec. Moi qui aime tant le soleil et le farniente, j'aurais tout donné pour rentrer le jour même, retrouver mon bureau, la routine, échapper aux questions qui commençaient à me hanter quand j'avais la tête vide. C'est ce jour-là que j'ai commencé à penser sérieusement à divorcer: moi, pleurer sur une plage, je devais être vraiment atteinte!»

À noter: les vacances sont une période très propice aux crises de désamour. Autant elles sont bénéfiques pour les gens heureux, autant elles amplifient les conflits conjugaux. La modification des habitudes quotidiennes, la liberté de choix des activités, la souplesse des emplois du temps mettent en lumière des divergences et multiplient les occasions de discorde.

Très souvent, les grandes décisions de rupture se prennent au retour des vacances.

Marie-Laure, 35 ans: «Quand j'ai su que Pierre était parti en week-end avec une «Julie», j'ai décidé de lui faire payer cher, très cher, encore plus cher que ça son escapade. J'ai composé le numéro de téléphone des informations météorologiques à New York. Quand j'ai entendu le disque, j'ai posé le récepteur, puis je suis partie coucher chez une copine. Un mois plus tard, quand il a reçu le compte de téléphone, quelle scène! Exactement celle que j'attendais. Elle n'a d'ailleurs rien arrangé. Le seul résultat, c'est que nous avons eu le téléphone coupé parce qu'il a refusé de payer. Je n'arrive pas à comprendre comment j'ai pu faire une chose aussi stupide. J'aurais mieux fait de mettre cet argent de côté pour payer l'avocat quelques mois plus tard!»

À noter: le «fou» ou la «folle» de désamour se polarise souvent sur des problèmes d'argent. Le jour où je me suis moi-même vu réclamer le remboursement d'une bouteille de whisky que j'avais achetée en même temps que les autres provisions familiales, je me suis dit que mon ménage avait vraiment peu de chances de sortir vivant de la tourmente... Cette relation du désamour avec l'argent devient carrément névrotique dans certains divorces, elle peut littéralement rendre fou au moment de l'opération finale.

Marc, 37 ans: «Chantal m'a annoncé qu'elle avait loué un appartement pour aller habiter seule et réfléchir pendant quelques mois. Je suis devenu hystérique, parce qu'elle m'a mis devant le fait accompli. Pendant deux mois, j'ai passé toutes les nuits dans ma voiture en bas de chez elle pour voir à quelle heure elle rentrait, avec qui elle sortait, quand elle partait le matin. Je ne dormais que d'un oeil, l'autre rivé sur sa porte d'entrée. Je me demande encore comment j'ai pu continuer à travailler en ne dormant pas une seule nuit dans mon lit.»

À noter: le fait d'être quitté «pour personne» paraît encore plus intolérable que celui d'être abandonné pour un(e) autre. J'ai rencontré deux hommes et une femme dans ce cas: ils n'arrivaient pas à réaliser ce qui leur était arrivé. Tous trois, dans un premier temps, ont imaginé que leur conjoint leur mentait. Quand, quelques mois plus tard, ils ont constaté que l'autre était vraiment parti «vivre sa vie», se griser de liberté, seul, ils en ont éprouvé un immense sentiment d'échec. L'un d'eux m'a affirmé qu'il aurait mille fois préféré être «trompé». Les Don Quichotte du désamour ont horreur de se battre contre des moulins à vent.

Ces tempêtes qui peu à peu usent le lien qui unit un homme et une femme sont longues et multiples. Après les grands accès de fièvre et d'illogisme, on prend conscience, on mesure les conséquences, on retrouve les rythmes obligatoires du quotidien, on songe que tous les couples connaissent ces crises, on prend de bonnes résolutions, on fait le bilan pour se persuader qu'il est encore positif. Suit une période de rémission, de politesse, de bonne volonté — un peu forcée. Hélas! bien avant que la cicatrice du déchirement précédent ne soit tout à fait refermée, la guérilla repart de plus belle, violente, sans pitié... Peu à peu, les crises se font plus fréquentes et plus douloureuses, surtout si un grief sexuel permet à tout instant de remonter au front en se prenant pour un héros.

Des griefs sexuels, il y en a toujours!

Le divorce est toujours, à un moment donné, une bataille d'oreillers. Oreiller dans lequel on enrage silencieusement quand l'infidèle ne rentre pas. Oreiller sur lequel on l'imagine en train de dormir enlacé(e) à un(e) inconnu(e). Oreillers qu'on écarte pour tenter de trouver le sommeil dos à dos, sans se toucher et sans se dire bonsoir. Oreiller, enfin, que l'on emporte dignement dans ses bras vers le divan du salon pour bien signifier que, cette fois, c'est le commencement de la fin.

Ah, ces oreillers de la maladie conjugale, j'en ai tellement entendu parler et je m'en suis moi-même tellement servi que je me demande comment font pour divorcer les couples qui dorment à plat! Chaque nuit, des conjoints doivent quitter la chambre conjugale pour aller dormir ailleurs en déménageant symboliquement cet étendard de leurs relations sexuelles. Imaginez-les, ces hommes et ces femmes à la file indienne, nus, en T-shirt, en pyjama sans le pantalon, en chemise de nuit, blancs de rage ou les yeux rougis! Quelle étrange procession du désamour!...

Je me permets de plaisanter sur ce sujet très important et sérieux parce qu'ayant figuré par deux fois parmi les processionnaires, j'exorcise sans doute ainsi mes souvenirs. Sans doute aussi parce que je considère le dérèglement sexuel comme une conséquence et non comme une cause de la maladie conjugale. Parmi les couples jeunes qui appartiennent à la génération de la pilule et de la libération des moeurs, l'insatisfaction sexuelle entraîne une rupture précoce. Si on ne fait pas bien l'amour ensemble, on se quitte bien avant de faire vie commune ou de se marier. La cohabitation juvénile sert de banc d'essai sexuel, on ne peut que s'en féliciter.

Puisqu'on peut évaluer sa compatibilité sexuelle avant de se prendre définitivement la main, on entendra de moins en moins d'histoires de «révélation tardive». Pourtant, je ne résiste pas à vous raconter comment Germaine, 52 ans, cadre supérieur dans une compagnie d'assurances, a tout envoyé promener le jour où, pour la première fois, elle a connu le grand frisson. Son aventure semble presque irréelle dans sa «pureté». Tout cela s'est passé dans la seconde moitié du XXe siècle en pleine grande ville.

Fille d'ouvrier, Germaine épouse à 18 ans un garçon de 21 ans, également ouvrier. Depuis l'âge de 16 ans, elle travaille comme dactylo dans une compagnie d'assurances. En se mariant, elle cherche surtout à ne plus être à la charge de ses parents et à prendre sa liberté. Intelligente et sans enfants, Germaine va connaître une ascension professionnelle brillante. Dactylo, puis chef du pool des dactylos, elle devient chef du central et, enfin, chef du service du secrétariat. Elle accède ainsi à un travail qui la passionne. Son mari ne suit pas, elle s'ennuie beaucoup avec lui, mais elle est honnête et vertueuse. Elle accepte le devoir conjugal comme une nécessité sans grand intérêt. «D'ailleurs, quand on parlait de ces "choses-là" à la radio ou à la télévision, je me disais qu'on faisait beaucoup de bruit pour pas grand-chose.» Pendant vingt-cinq ans, Germaine est totalement fidèle à son mari. Et puis, à 42 ans, dans le métro, le coup de foudre. Il a dix ans de plus qu'elle, il est cadre supérieur et divorcé, mais très croyant. Elle ne croit jamais le revoir quand un jour, pour raison professionnelle, il se rend sur son lieu de travail. «Je crois au destin. Cet homme, c'est l'amour de ma vie. J'ai rencontré la grande passion à un âge où je n'y songeais même plus. Il fallait prendre une décision. Je l'ai prise. Le plus dur moment de ma vie a été quand il a fallu l'annoncer à mon mari. Nous avons parlé toute une nuit. J'avais de la peine, lui aussi. Mais, au bout de quinze jours, j'étais remplacée. Une voisine qui a dû venir le consoler et qui est restée. D'ailleurs, il l'a épousée.»

Germaine est remariée avec son cadre grisonnant. Depuis dix ans, elle nage dans le bonheur, il suffit de la voir jouer glorieusement avec son alliance, quand elle se raconte, pour en être assuré. Un vrai conte de fées pour divorcés, non? Deux couples satisfaits au lieu d'un couple malheureux, cela ne valait-il pas la peine?

Ces coups de tonnerre sexuels qui arrachent un bon mari/bon père à son foyer ou qui transforment une parfaite ménagère en Emmanuelle se font pourtant de plus en plus rares. Ils étaient plus fréquents du temps de la grande prohibition du plaisir et de la grande peur des grossesses indésirées. Le démon de midi guette moins les enfants de la libération sexuelle. La majorité des couples de moins de quarante ans déclarent que leur vie sexuelle a été satisfaisante au départ. Jusqu'au jour où l'usure du temps et essentiellement la maladie conjugale dérèglent leurs gestes ou plutôt leur désir. Bien sûr, dans 90% des divorces, la mésentente sexuelle est évoquée, mais elle fait partie des griefs. Un parmi d'autres. Très rarement elle se retrouve en tête de liste.

Il ne faut pas confondre infidélité affective et infidélité sexuelle. La seconde est la conséquence quasi inévitable de la première — nous ne sommes plus au siècle du péché et de l'amour romantique attisé par la chasteté —, mais l'inverse n'est pas évident. Le désir et le plaisir ne passent pas forcément par le coeur. D'ailleurs, les couples ne s'y trompent pas: s'ils éclatent quand l'autre est vraiment amoureux «ailleurs», la plupart oublient presque facilement des «aventures» purement sexuelles. J'ai d'ailleurs toujours pensé que l'infidélité «sexuelle» n'était pas une cause suffisante pour divorcer. Si seuls les fidèles restaient ensemble, on ne fêterait pas beaucoup de noces d'argent! À l'inverse, je suis convaincue qu'il existe d'excellents ménages qui, après de longues années de vie commune, ne misent pas l'essentiel de leur harmonie sur les trente-deux positions. Ils font l'amour de temps en temps pour se prouver qu'ils s'aiment, et, le reste du temps, ferment les yeux pour ne pas s'empêcher d'être bien ensemble.

Les «normes» sexuelles n'existent pas: chaque couple a son équilibre et, par conséquent, son déséquilibre le jour où il tombe conjugalement malade. Je ne me risquerai donc pas à détailler les différents symptômes sexuels qui précèdent les ruptures graves, il y faudrait plusieurs volumes. Ils vont du refus systématique à l'exigence inaccoutumée, de l'impuissance à l'homosexualité, du fantasme de mort à la jalousie morbide, de la sagesse absolue aux aventures relatives. Disons simplement que la crise devient aiguë quand on ne supporte plus ce qui paraissait jusque-là tolérable, le jour où le grand lit est source de conflits au lieu d'être lieu de réconciliation. Pour en revenir à ce que je disais: le jour où l'oreiller ne remplit plus sa mission. Ce jour-là, c'est grave.

La violence verbale ou physique

Nous étions convenus de ne pas parler, dans ce livre sur le divorce «normal», de la grande violence — comme on dit la grande délinquance. On ne peut cependant passer sous silence la petite. La violence verbale, ou parfois physique, est tellement caractéristique des stades avancés de la maladie conjugale qu'on pourrait presque la considérer comme un symptôme suffisant du très mauvais état d'un couple. Que des gens par ailleurs corrects et bien élevés, qui disent bonjour à leurs collègues de bureau, n'injurient pas les automobilistes qui leur piquent une place, ne sortent pas un revolver quand on rôde autour de leur maison, plutôt pacifiques en somme, que ces gens-là puissent hurler des injures, traîner dans la boue, trouver exactement les termes qui blessent et qui font mal, s'exprimer sur un ton digne d'un kapo de camp envers une personne dont ils partagent la vie depuis des années — c'est étonnant mais c'est fréquent. Je le sais, je l'ai fait, je me suis entendue le faire, et je n'ai toujours pas compris aujourd'hui, des années après, comment j'en suis arrivée là.

Inutile de reproduire ici la liste des grossièretés qui s'échangent dans les grandes crises conjugales, elle ne vous apprendrait rien. On peut seulement retenir que cette violence verbale utilise trois armes classiques pour blesser:

• *le dénigrement* (regarde-toi, tu n'as pas de quoi être fier(e) de ce que tu es, tu n'es qu'un(e)...),

• *la culpabilisation* (regarde-toi, tu n'as pas de quoi être fier(e) de ce que tu fais, tu n'es qu'un(e)...),

• *la malédiction* (regarde-nous, tu regretteras ce que tu es en train de faire...).

Quels que soient les excès de langage et la mauvaise foi de l'argumentation, le plus étonnant, de nouveau, c'est que la violence verbale marche. Elle atteint absolument son but (conscient/inconscient?): pousser l'autre et soi-même vers la sortie de la relation conjugale. On ne me fera jamais croire qu'on fait des scènes dans l'espoir de retenir un homme ou une femme qui a envie de s'en aller!

La violence physique est encore plus efficace comme catalyseur. Une bonne gifle, un verre cassé, un bras contusionné, une porte claquée, parfois même une simple main levée suffisent à faire définitivement déborder le vase. Surtout quand il s'agit d'individus appartenant aux classes moyennes et supérieures, qui considèrent le recours à la violence comme déshonorant aussi bien pour celui qui frappe que pour celui qui est frappé.

Faut-il opérer?

Quand, après avoir beaucoup souffert et tenté sans succès d'être soulagé par des méthodes simples, on va chez le chirurgien pour envisager une intervention, on lui pose en général deux questions: «Faut-il vraiment me faire opérer? Quelles sont les chances d'en sortir guéri?»

L'ennui, avec le divorce, c'est qu'il n'existe aucun praticien qui puisse répondre à ces questions ni endosser la responsabilité de l'intervention. Les avocats veillent à ce que les problèmes juridiques et les arrangements matériels trouvent les meilleures solutions possible, ils indiquent les mesures à prendre et suggèrent les attitudes les plus constructives pour préserver l'avenir de leurs clients, mais ils se défendent absolument — et ils ont raison — d'être décisionnels. En fait, seule l'autoprescription est ici concevable. On est seul, chacun de son côté, même si l'on est deux, à décider que, pour mettre fin à la maladie conjugale, il ne reste plus qu'une solution: se séparer. Décision d'autant plus difficile à prendre qu'elle entraîne des conséquences vitales pour l'avenir de plusieurs personnes. Deux au moins. Plus, s'il y a des enfants.

Comme toutes les décisions capitales de la vie, celle-ci devrait se conformer à trois règles importantes: prendre le temps de réfléchir, mesurer les conséquences, faire l'effort de s'expliquer. Cela suppose d'abord d'avoir la tête et le coeur suffisamment froids — ou refroidis — pour pouvoir fonctionner de façon pas trop passionnelle. Tous les chirurgiens vous le diront: sauf si la vie d'un malade est gravement menacée, il vaut toujours mieux ne pas opérer en pleine crise. Les valises bâclées en pleine nuit après un violente altercation n'arrangent dans l'immédiat que celui qui les emporte. Elles ne règlent rien en profondeur. Le lendemain matin, il faudra quand même reprendre la négociation.

Dans les manuels américains sur la meilleure façon de divorcer, on vous décrit des êtres parfaits qui prennent la peine de dialoguer presque sereinement sur leur avenir commun et parviennent à rationaliser les causes et conséquences de leur séparation. Bien sûr, ce serait le rêve de pouvoir faire preuve de cette pondération, le rêve de «réussir son divorce» dans le calme et la dignité, même si son couple a échoué. Dans les faits, ce sang-froid n'est pas toujours facile à garder. Le sentiment d'échec, la culpabilité, l'angoisse de la solution empêchent d'envisager calmement la situation et faussent le bilan. Les conversations bilatérales démarrent dans le calme et la bonne foi, mais elles s'enflamment à la moindre remarque personnelle. Les clauses d'un accord qui paraissaient acquises se trouvent subitement remises en question, au risque d'exaspérer l'interlocuteur. Le grand sac à griefs est toujours prêt à se vider sur la table. Il vaut mieux alors faire une interruption de séance pour éviter de reprendre les hostilités.

Le temps et la distance permettent seuls d'éteindre cette soif de saccage et de chercher la solution la plus favorable pour sortir de la maladie conjugale. Instinctivement, les couples s'en rendent compte. Ils envisagent presque tous cet éloignement, ce délai, pour mieux juger de la gravité de la situation avant d'en arriver à la conclusion. Lits à part, chambres à part, week-ends en solitaire, vacances séparées, voyages professionnels prolongés, location d'un appartement provisoire, séparation de fait sans démarches juridiques, le «divorce à l'essai» se pratique couramment.

Guy, 40 ans: «Nous avons décidé de dire aux enfants que je partais en mission professionnelle pour trois mois. Nous voulions nous rendre compte de l'effet que nous ferait cette séparation. Surtout, nous voulions être sûrs de nous avant d'en parler à tout le monde, de prévenir nos parents, de perturber les enfants. L'essentiel, dans l'immédiat, était de mettre fin à ces scènes épuisantes qui nous démolissaient l'un et l'autre, de mettre un peu d'ordre dans nos sentiments. En fait, cette séparation n'a rien «arrangé» entre nous, je ne suis plus jamais rentré chez moi. Je pense néanmoins qu'elle nous a permis de divorcer ensuite dans de meilleures conditions. Je crois que les enfants ont été moins traumatisés par mon départ qui s'est opéré en deux fois: physiquement d'abord, avec mon prétendu «voyage», moralement ensuite, quand nous leur avons annoncé que je ne reviendrais jamais puisque leur mère et moi divorcions. J'ai eu le sentiment qu'ils s'en doutaient et s'étaient déjà en partie faits à l'idée.»

Selon une enquête américaine publiée en 1977 sur les séparations sans divorce, 85% des couples qui pratiquent cet éloignement «provisoire» finissent malgré tout par divorcer[5]. En France aussi, on prend le temps de mûrir sa décision: il s'écoule généralement de six mois à deux ans entre le moment de la cassure «privée» et celui où sont entreprises les démarches juridiques. Cette période de réflexion du «divorce à l'essai» se révèle généralement bénéfique pour calmer les effets destructeurs de la maladie conjugale. Il s'agit en effet, la décision de se séparer devenue irrévocable, de retrouver son calme, de reprendre ses esprits pour aborder ensemble la seule question grave et importante à laquelle se trouvent confrontés les partenaires d'un divorce: et les enfants?

VI

Et les enfants?

Fantastique, la place que tiennent les enfants dans les conversations des adultes. Beaucoup plus que des amours au féminin, beaucoup plus que des voitures au masculin, juste derrière l'argent et la politique, de quoi parle-t-on? De ses enfants. Pour s'en émerveiller quand ils sont petits — jusqu'à 9/12 ans —, pour s'en plaindre quand ils sont grands — jusqu'à 20 ans et plus. À tous les âges pour s'interroger sur leurs désirs et leurs besoins, s'étonner de leur maturité, s'inquiéter de leurs réactions, mettre en doute l'efficacité des méthodes éducatives anciennes ou modernes.

Depuis que Freud leur a expliqué que, quoi qu'ils fassent, ils font des catastrophes, les pauvres parents contemporains pataugent dans la culpabilité éducative. Ils tiennent tellement à ces chers petits qu'ils souhaiteraient que toute leur enfance baigne dans le calme et le bonheur. Plus ils les ont désirés et fabriqués à la commande — grâce à la contraception —, plus les parents se sentent responsables si tout vient à ne pas tourner absolument rond autour de leurs petits. Comme, de surcroît, les enfants sont produits, dans tous les pays développés, en séries très limitées —un au minimum, mais deux c'est un max... —, chaque exemplaire revêt une importance considérable, parfois exorbitante, aux yeux de ses créateurs.

Les femmes n'ont plus l'apanage de cette couvaison affective, la race des papas-poules est en pleine expansion. Beaucoup d'hommes partagent désormais les biberons et les câlins, aussi découvrent-ils plus intimement les menus soucis et les grandes angoisses jadis considérées comme plus spécifiquement maternelles. Pères et mères, plus semblables dans leurs comportements, deviennent plus proches dans leurs sentiments et leurs réactions.

Ce pédocentrisme caractéristique de notre époque — Philippe Ariès et Elisabeth Badinter nous ont démontré que jadis l'enfant ne jouait pas ce rôle écrasant de «bouc émissaire affectif», il représentait plus souvent un fardeau qu'un cadeau — prend des proportions considérables en cas de divorce. Tout au moins dans les divorces «normaux»: ceux qui interviennent entre un père et une mère aimant chacun leur(s) enfant(s) et désirant son(leur) bien-être. Nous n'aborderons pas ici, je vous le rappelle, les douloureuses histoires de divorces «faits divers»: enfants abandonnés, maltraités, parents indignes, foyers désertés et laissés sans ressources, enfants placés hors de leur famille naturelle. Il s'agit de cas infiniment difficiles, mais heureusement minoritaires. Plus le divorce-boom s'étendra, plus leur proportion diminuera. Ces divorces-là, en effet, interviennent surtout dans les classes les plus défavorisées; or les «nouveaux divorces» adviennent essentiellement chez les employé et les cadres. Laissant de côté ces douloureux divorces de la misère à laquelle est tellement liée la délinquance familiale, nous allons essayer de comprendre comment réagissent l'immense majorité des parents «normaux», comment ils peuvent se comporter pour que leur divorce fasse le moins de mal possible aux enfants qu'ils ont eus ensemble. La plupart des parents divorçants sont dans ce cas.

Bon divorce et mauvais mariage

Qu'on ne me dise surtout pas que le fait de divorcer soit une preuve de «non-amour» paternel ou maternel. On entend encore certains moralistes affirmer que si on aimait véritablement ses enfants, on ne divorcerait pas. Sous-entendu: si on divorce, c'est qu'on ne les aime pas suffisamment pour leur sacrifier sa vie, leur faire don de son renoncement au bonheur. Je m'insurge violemment contre cette idée de sacrifice. J'admets qu'elle serve de prétexte valorisant à celles/ceux qui préfèrent, à titre personnel, supporter un couple qui leur fait mal plutôt que d'assumer un divorce qui leur fait peur, mais il ne faut certes pas l'ériger en modèle de conduite.

L'holocauste de la vie personnelle peut être dangereux pour tout le monde: les parents qui se sacrifieraient au péril de leur équilibre et de leur force vitale, les enfants qui en porteraient la responsabilité sans l'avoir demandé. Protégez-nous des mères sublimes qui font don de leur personne aux fruits de leurs entrailles!

«Il vaut mieux un bon divorce qu'un mauvais mariage», entend-on dire souvent. Cette idée fait bondir les redresseurs de torts familiaux sous prétexte qu'elle servirait d'excuse à la désunion des parents. Loin de me choquer, elle me paraît une évidence. Je ne crois pas aux divorces «coups de tête», surtout quand il y a des enfants: il s'agit d'un processus bien trop douloureux et difficile, qui ne peut résulter d'une impulsion, d'une simple foucade. En revanche, quand l'atmosphère d'une famille est réellement empoisonnée par la maladie conjugale des parents, nul n'y trouve son compte, surtout pas les enfants.

Bien sûr, si tous les couples restaient unis et solidaires dès lors qu'on est plus de deux à la maison, si pères et mères puisaient dans leur progéniture des gratifications suffisantes pour compenser leurs déboires personnels, si la table familiale représentait malgré tout, chaque jour, un lieu de communication chaleureuse, si l'harmonie pouvait être maintenue en famille même quand elle n'existe plus dans le couple — à l'évidence, tous les divorces seraient néfastes. Mais il s'agit là d'une hypothèse absurde: avec tous ces «si», toutes les familles tiendraient bon, le divorce-boom n'existerait pas.

Dans les faits, au contraire, les difficultés personnelles des parents rejaillissent consciemment ou inconsciemment sur le climat de toute la cellule familiale. Surtout pendant la période qui précède le divorce. Il arrive fréquemment que des pères et mères par ailleurs tout à fait «normaux» et attentifs ne parviennent plus à s'intéresser à leurs enfants quand la mésentente conjugale leur ronge les nerfs et le coeur. Certains enfants sont les témoins de scènes contenues ou explosives entre leurs parents, dont ils comprennent la signification profonde même quand ils font semblant de ne pas s'en apercevoir. Pour échapper à cette atmosphère empoisonnée, les enfants s'enferment et les parents sortent. Combien de ces derniers multiplient les occasions de ne pas rentrer pour ne pas se rencontrer? Les enfants sont plus souvent laissés à eux-mêmes *avant* un divorce qu'*après*. Ces dimanches et ces vacances qu'on respecte scrupuleusement quand ils sont devenus un droit de visite n'étaient pas toujours utilisés quand les parents pouvaient en disposer à leur gré.

Laurent, instituteur de 34 ans, a l'honnêteté de le reconnaître: «Je crois que je suis meilleur père aujourd'hui que je ne l'étais avant. D'accord, je ne vois les enfants qu'un week-end sur deux, mais pendant le temps où nous sommes ensemble, je fais bien plus attention à ce qu'ils disent et aux réponses que je leur fais. J'avais une présence moins riche quand j'habitais avec eux, j'étais physiquement présent mais moralement absent. J'ai l'impression de mieux les connaître depuis que leur mère n'intervient plus directement dans nos rapports.»

Non, franchement, quand un mariage est mauvais, il vaut mille fois mieux pour les enfants tenter l'expérience d'un «bon» divorce. Si, même quand ils se déchirent, les parents assument leurs responsabilités éducatives, si, même quand ils se quittent, ils restent conjointement préoccupés par les conditions de vie de leurs enfants, si la fin de leur couple conjugal ne signifie pas la négation de leur couple parental, il peut assurément exister de «bons divorces».

Les enfants ne sont pas d'accord

Toutes les études faites *auprès des enfants* démontrent qu'ils ne sont pas de cet avis. Deux femmes psychologues, Judith Wallerstein et Joan Kelly, l'affirment une fois de plus dans un livre paru aux États-Unis en 1981[1]. Au terme d'une enquête portant sur soixante familles de la région de San Francisco, elles constatent que tous les enfants qu'elles ont interrogés, certains plus de dix-huit mois après le divorce de leurs parents, préfèrent un mauvais mariage à un divorce. Tous rêvaient de réconcilier leurs parents pour vivre à nouveau dans un foyer à deux têtes. Bien que 25% des enfants interrogés aient vu fréquemment leur père battre leur mère et 50% occasionnellement, ils ne paraissaient pas comprendre le désir de leurs parents d'échapper à une situation devenue intenable. Eux-mêmes s'y étaient habitués et, n'ayant peut-être jamais connu autre chose, se trouvaient à peu près heureux.

Que les trois quarts des enfants de cette enquête américaine admettent de voir leur mère battue par leur père plutôt que de changer leurs propres petites habitudes, voilà qui devrait rendre les conclusions de ce livre bien peu convaincantes. Cette insensibilité enfantine, pourtant, me renforcerait plutôt dans mes convictions. Il ne faut surtout pas demander l'avis des enfants en matière de divorce. D'abord parce que ce serait leur faire porter une responsabilité trop lourde, ensuite parce qu'ils sont totalement incapables de juger de la situation. La tentation est grande, parfois, pour les adultes inquiets, de se rassurer en obtenant le consentement des enfants; il faut savoir y résister.

On pourrait d'ailleurs comparer ce débat sur le divorce avec celui sur le travail des mères. Quand on demande aux enfants s'ils aiment mieux avoir une maman à la maison non-stop ou une maman qui s'absente pour aller travailler à l'extérieur huit à dix heures par jour, la réponse est unanime: «Vive maman avec nous!» Comment imaginer qu'ils puissent penser autre chose? Pourtant, plus de la moitié des jeunes mères d'un ou deux enfants ont désormais une activité professionnelle, leurs enfants ne s'en portent pas plus mal, une fois passée une certaine période d'adaptation. Le choix entre mère au foyer et mère qui travaille ne dépend pas des souhaits formulés par les enfants, mais du choix opéré par les parents, par la mère en particulier. C'est à elle de savoir comment elle assumera au mieux son épanouissement personnel, ses obligations matérielles et ses responsabilités maternelles. Avec ou sans son salaire, avec ou sans sa présence continue à la maison. Une fois la décision prise, les enfants devront s'en arranger au mieux. Ils font en général preuve d'une bonne faculté d'adaptation. C'est exactement la même chose en cas de divorce: les parents doivent assumer totalement la décision et faciliter ensuite au maximum l'adaptation.

Dans les faits, la grave mésentente entre un homme et une femme est rarement «compensée» par la présence d'enfant(s). Encore heureux que le partage des responsabilités éducatives n'aggrave pas la situation en multipliant les occasions de désaccords, de reproches, de conflits. Combien de couples se font des scènes par enfants interposés! Comme on n'ose pas aborder l'adversaire de front sur le terrain de sa vie personnelle/sexuelle, on le harcèle sur le territoire parental. On ne dit pas: «Où étais-tu encore et avec qui jusqu'à dix heures du soir hier?», mais on soupire: «Les enfants t'ont attendu(e) pour dîner, ils étaient tristes, tu aurais pu téléphoner pour leur dire que tu ne rentrerais pas!» On ne se reproche pas un achat inconsidéré, mais on insinue: «Tu n'as pas oublié qu'il faudra payer l'orthophoniste/orthodontiste de ta fille à la fin du mois?» On ne cache pas ses larmes ou sa déprime pour que la question fuse: «Dis, papa/maman, pourquoi elle/il est triste, maman/papa?» Pitoyables ficelles qui ne trompent personne et n'arrangent rien, mais sur lesquelles on ne peut s'empêcher de tirer.

Tout au plus la présence des enfants peut-elle retarder de quelques mois ou de quelques années l'issue inéluctable pour un couple condamné. On a constaté statistiquement que les couples stériles —

volontairement ou involontairement, les chiffres ne le disent pas — divorcent plus souvent et plus vite que les autres, ce qui paraît normal: les enfants ne sont-ils pas l'*unique* raison qu'on se trouve de rester ensemble quand on ne s'entend plus? Mais on s'aperçoit, dans ce dernier cas, qu'il s'agit plus souvent d'une rémission que d'une guérison. Près de trois divorcés sur dix reconnaissent qu'ils ont tenté dans un premier temps de se réconcilier parce que la décision de se séparer posait trop de problèmes pour les enfants. Ce n'était, constatent-ils, que reculer l'échéance. Ils ne croient pas qu'il s'agisse d'une bonne solution, les deux tiers affirment même qu'il est inutile de cohabiter après qu'on s'est mis d'accord pour permettre à chaque conjoint de mener une vie en partie indépendante[2]. Certains divorces tardifs s'expliquent par ces «réconciliations éducatives»: on reste ensemble jusqu'à la majorité des enfants, parfois au prix d'une mésentente insupportable. Souvent, les enfants adultes de couples divorcés sur le tard gardent un souvenir infernal de la maladie conjugale de leurs parents.

Claudine, 30 ans: «Ils se disputaient constamment. On ne savait jamais, en se mettant à table, si le repas pourrait s'achever sans que l'un ou l'autre se lève, claque la porte et disparaisse pour le reste de la soirée. Quand ils ne se disputaient pas, c'était pire encore. Il régnait à la maison une sorte de guerre froide et silencieuse qui nous glaçait les sangs, à ma soeur et à moi. Maman a vécu ainsi pendant près de quinze ans au bord de la dépression nerveuse. En définitive, c'est nous qui l'avons convaincue de divorcer après notre majorité. Je crois que nous lui avons rendu un réel service. Elle pourra vieillir, si ce n'est heureuse, du moins tranquille.»

Des parents comme les autres

Enquête faite, j'affirme que la plupart des parents divorcés pèchent plus souvent par excès que par manque d'amour. Les accuser d'être de *mauvais* parents sous prétexte qu'ils ne sont pas parvenus à rester de *bons* conjoints ne correspond à aucune vérité psychologique. Cette vision manichéenne des bons et des mauvais date du siècle dernier, du temps où les gens *bien* ne divorçaient pas. Aujourd'hui, le divorce peut interrompre l'aventure conjugale de n'importe qui, si bien que les parents divorcés ressemblent aux autres. Ni mieux ni moins bien. Une différence, néanmoins: ils se révèlent en général infiniment moins sûrs d'eux-mêmes. On leur a tellement dit et répété qu'un foyer dissocié représentait un handicap sévère, presque insurmontable, pour l'équilibre futur de leurs enfants! Alors ils se posent plus de questions que les parents «évidents», ils culpabilisent plus facilement, sont souvent prêts à faire davantage d'efforts que dans les familles «unies». Efforts qui peuvent d'ailleurs les conduire à commettre bien des erreurs...

Ne comptez pas sur moi pour multiplier les récits apocalyptiques dont les enfants du divorce seraient les héros/victimes involontaires. Reportez-vous pour cela à votre chaîne de télévision/journal habituels. Rapts à la sortie de l'école, enlèvements à l'étranger, droit de garde contesté, non-représentation d'enfants, fugues d'enfants affectivement séquestrés, procès sans fin, jugements cassés font souvent «la une» de l'actualité. Comme la terrible histoire, dont toute la presse a parlé pendant l'été 82, de cette infirmière de Pont-Saint-Esprit, en France, condamnée à un an de prison ferme parce qu'elle ne voulait pas confier sa petite fille à son ex-mari. Je me demande souvent si les associations de pères divorcés et les avocates féministes font du si bon travail en insistant, par médias interposés, sur cet aspect juridico-conflictuel du divorce. Cet éclairage systématiquement mélodramatique donne une idée fausse des difficultés réelles que rencontrent les parents divorcés dans la vie quotidienne. Les chiffres, heureusement, prouvent que ces batailles juridiques entre parents restent l'exception.

Bien que toute décision des juges concernant la garde des enfants soit provisoire et puisse être réexaminée et modifiée à la demande d'un des parents, la très grande majorité des jugements de divorce ne donnent pas lieu à conflit. Dans les cas restants, les jugements donnent raison, dans les mêmes proportions, au père et à la mère[3]. Personnellement, j'ai été impressionnée par l'opinion favorable de la plupart des divorcés à l'égard des décisions de justice. En dehors de quelques pères ulcérés qui peuvent raconter pendant des heures leurs démêlés dramatiques pour essayer de récupérer la garde de leur fils/fille, mais qui ne représentent à mon avis qu'un groupe très marginal, je n'ai presque rencontré que des justiciables satisfaits.

En fait, les juges devraient avoir de moins en moins à intervenir pour régler les questions de droit de garde. Quand les parents font l'effort de définir ensemble la meilleure solution dans l'intérêt de l'enfant, ils sont forcément meilleurs juges que les juges. Personne mieux qu'eux ne connaît le caractère, les besoins, les désirs de leur enfant et les conditions de vie qui lui seront le plus favorables.

À condition de faire preuve de beaucoup de lucidité entre soi, et d'honnêteté vis-à-vis des enfants, de se donner beaucoup de mal pendant de très longues années, de vouloir envers et contre tous que «ça» se passe le mieux possible, les parents peuvent divorcer sans que les enfants trinquent.

Faire preuve de lucidité

Inutile de se leurrer: même s'il existe des divorces qui se passent bien, il n'existe pas de divorces simples. Dès qu'un couple «partage» un enfant — nous parlons ici au singulier, mais quand il y en a plusieurs, les problèmes sont identiques —, il doit faire d'énormes efforts pour chercher et trouver un terrain d'entente. Cet armistice parental qui doit intervenir précisément au moment où un homme et une femme vivent une tempête profonde dans leur relation demande une véritable abnégation. Pas facile de faire une croix sur ses ressentiments, ses griefs, ses désirs de vengeance pour ne se comporter qu'en parents. Pas facile, mais indispensable pour regarder en face les quatre vérités des enfants de divorcés. (N.B.: ces quatre vérités ne sont pas de mon invention, elles ressortent de la lecture de presque tous les livres de «psy» sur les enfants et le divorce, et des réflexions *a posteriori* de parents divorcés.

Première vérité: un enfant a d'abord besoin de stabilité et de sécurité

Papa ou Maman, c'est important pour un enfant, mais ça ne suffit pas. Loin de là. Les frères et sœurs, les grands-parents, l'école, les copains, sa chambre, son lit, le chien, la voisine, la vie quotidienne avec ses rites et ses joies, voilà aussi, voilà surtout ce dont il a besoin. En fait, moins on bouge de pièces sur l'échiquier d'une vie enfantine le jour où on lui retire sa Reine ou son Roi, moins on risque de mettre son équilibre en péril. Je me demande si, en dehors des bébés qui sont systématiquement mieux avec leur mère, le droit de suite ne devrait pas remplacer le droit de garde. J'en ai rencontré deux exemples, qui m'ont paru tout à fait convaincants.

Jeanne, 42 ans, a laissé en divorçant ses quatre enfants à la garde du père. Son salaire ne lui permettait pas de trouver un grand appartement comme celui de son mari et elle n'a pas voulu changer les habitudes et le rythme de vie de la fratrie. Elle s'est installée dans un petit appartement au coin de son ancienne rue, pour que les enfants puissent passer l'embrasser quand ils en ont envie. Une fois par semaine, elle retourne dîner «chez les enfants». Ce soir-là, leur père sort et c'est elle qui fait la cuisine. Jadis, Jeanne aurait été considérée comme une mère démissionnaire; aujourd'hui, on se rend compte que rien ne rassure plus les enfants que de conserver l'essentiel de leur environnement habituel.

Frédéric, lui, a eu un réflexe plus étonnant encore. Quand Claudine et lui se sont séparés, il est resté dans l'appartement qui lui appartenait. Éric, son fils de trois ans, est parti vivre avec sa mère chez sa grand-mère maternelle. Chaque fois qu'Éric venait en week-end chez Frédéric, il éprouvait une telle joie en retrouvant ses jouets, sa petite chaise, l'emplacement exact de ses souvenirs enfantins, qu'il ne voulait plus repartir le dimanche soir et poussait des hurlements en retournant chez sa mère. Heureusement, Frédéric n'a pas réagi de façon classique — elle aurait consisté à mettre en doute l'amour d'Éric pour sa mère —, il a longuement discuté avec Claudine. Ensemble ils ont consulté un «psy», et sont arrivés à la conclusion qu'Éric ne supportait pas son déménagement. Frédéric a décidé de laisser pendant un ou deux ans l'appartement à Claudine et Éric, et c'est lui qui en définitive, est allé habiter ailleurs.

Tout le monde n'a pas cette générosité, ni même cette possibilité, mais, quelle que soit la solution envisagée, la meilleure est toujours celle qui respecte au mieux la stabilité et la sécurité de la vie quotidienne des enfants. Certaines associations de pères divorcés ont, à un moment donné, avancé l'idée d'une «garde alternée» qui donnerait des droits rigoureusement égaux aux deux parents à intervalles réguliers. Une semaine à toi, une semaine à moi. Un an à moi, un an à toi. Les spécialistes de l'enfance sont tout à fait réservés sur cette répartition mathématique qui oblige l'enfant à se réadapter constamment à des conditions de vie différentes. Les Suédois, à l'avant-garde des modes de vie, en ont fait l'expérience sur grande échelle: les résultats sont rien moins qu'évidents.

Depuis 1977, les parents qui divorcent, en Suède, peuvent demander la «garde commune». Dans l'esprit du législateur, ce système très libéral devait leur permettre de rester totalement solidaires l'un de l'autre pour tout ce qui concerne l'éducation de l'enfant. Beaucoup de parents ont cependant utilisé ce système pour se «refiler» le gosse à tour de rôle quand ça les arrangeait, et pour conserver chacun une plus grande marge de liberté. Voici ce que raconte Alain Debove dans *le Monde de l'éducation:* «Parmi les enseignants de Stockholm, on parle aujourd'hui des "enfants du lundi" — ces élèves distraits et pensifs qui semblent avoir la tête ailleurs ou qui, au contraire, sont inhabituellement dissipés. Qui sont-ils? Souvent des enfants qui viennent de passer une semaine chez le père et qui savent que le lundi après-midi, c'est maman qui va venir les chercher. Il va leur falloir s'adapter à un nouvel appartement, à d'autres habitudes, à d'autres jouets, à d'autres amis, à une autre cuisine... Ce changement de milieu pose de nombreux problèmes psychologiques. Pour Madame Roenstrom, une des quatre ombudsman des enfants suédois, cette situation est une catastrophe pour les enfants: «Quelle personne adulte accepterait de faire ses valises tous les vendredis soir et de changer de domicile plusieurs fois par an?» On pense actuellement en Suède que l'enfant doit vivre soit chez le père, soit chez la mère, car il a besoin de sécurité et de stabilité. Les instituteurs n'hésitent plus aujourd'hui à prévenir les services sociaux lorsqu'on joue un peu trop au ping-pong avec l'enfant[4].»

Il n'y a pas qu'en Suède où les enfants ping-pong existent. Ne m'a-t-on pas cité en France l'histoire aberrante d'un bébé de quatre mois confié alternativement à son père et à sa mère, à raison d'une semaine chacun! Seul détail matériel sur lequel les parents avaient omis d'insister: leurs domiciles étaient éloignés de plus de quatre cents kilomètres. Le nourrisson devait par conséquent passer près de douze heures chaque semaine, hiver comme été, en voiture, et changer hebdomadairement de berceau et d'environnement humain! De telles alternances respectent scrupuleusement les droits des parents, mais elles se soucient bien peu du confort et du bien-être des enfants.

Deuxième vérité: il ne faut jamais mentir aux enfants

Le psychiatre Abraham Cohen, de l'hôpital Danièle-Casanova, à Saint-Denis, explique: «Quand le couple se casse, l'enfant est déchiré, il y a dislocation de deux moitiés en lui. Il faut donc diminuer son sentiment d'insécurité, le rassurer, lui dire: «Nous nous sommes aimés, nous t'avons voulu, nous ne nous entendons plus, mais nous t'aimons toujours, tu peux compter sur nous[5].» Plus facile à dire qu'à faire! Cette franchise absolue pose problème quand deux/quatre yeux parfaitement innocents vous regardent et qu'on a le sentiment qu'ils vous jugent. Vingt-cinq ans après, j'en ai encore le souvenir vivace.

Quand j'ai divorcé la première fois, mes fils aînés avaient cinq et quatre ans. Ne sachant absolument pas comment leur annoncer notre séparation, je suis allée consulter le Professeur Koupernik. Selon lui, la seule chose que des enfants ne pardonnent jamais à leurs parents, c'est de ne pas leur dire la vérité, même s'ils mentent pour les épargner. Il nous a donc conseillé, à leur père et à moi, de leur préciser que nous les aimions très fort, mais que nous ne nous entendions plus et que nous allions désormais habiter dans deux maisons différentes. Cela pour toujours: il ne serait plus possible d'habiter de nouveau tous les quatre ensemble. Cette franchise absolue allait tout à fait à l'encontre du plan que nous avions échafaudé et de notre intention d'amortir le choc en laissant les portes de l'avenir entrouvertes. «Si vous êtes vraiment décidés à divorcer, ne commettez surtout pas l'erreur de leur laisser le moindre espoir de réconciliation, insista le psychiatre. Les enfants ne vous pardonneraient jamais de leur avoir menti, même sur un point de détail. Ils perdraient confiance en vous, ce qui serait bien plus grave que d'être tristes.»

Nous avons scrupuleusement suivi ses conseils et, face aux enfants, nous avons été étonnés de constater que ces vérités qui nous semblaient tellement difficiles à dire ne leur étaient pas insupportables à entendre.

À l'époque, les conseils de ce médecin semblaient d'avant-garde; aujourd'hui, ils paraissent d'évidence. Tous les spécialistes de l'enfance insistent sur cette importance de la véracité de l'information délivrée aux enfants, aussi petits soient-ils. Cette recherche de vérité doit aborder les raisons qui amènent leurs parents à divorcer. Si on ne lui explique rien, l'enfant imaginera très probablement qu'il est lui-même responsable de la mésentente entre ses parents. Il aura peur que sa naissance, ses bêtises, son existence même ne soient à l'origine de leur séparation. La culpabilité, jointe à sa tristesse, risquera de devenir néfaste pour son développement personnel. J'ai même lu dans un livre américain qu'il fallait pousser très loin l'information et ne pas cacher les aventures extra-conjugales, l'homosexualité, l'alcoolisme, la drogue ou la délinquance d'un des parents... Honnêtement, je trouve que c'est pousser les choses un peu loin! Disons que dans des cas aussi graves, mieux vaut prendre l'avis d'un «psy» avant de se mettre aussi totalement à nu devant ses enfants.

Dans des circonstances plus «banales», je retiendrai cet avis du psychiatre américain Richard Gardner: «Si un enfant est assez grand pour poser une question, il est assez grand pour recevoir une réponse. Les enfants sont en général beaucoup moins fragiles que les parents ne le pensent et plus capables d'accepter des réalités qui leur font du chagrin. Ce qu'ils supportent moins bien (et ceci est également vrai pour les adultes), ce sont les angoisses liées à l'ignorance, parce qu'ils laissent alors libre cours à leur imagination et que leurs craintes ne peuvent être ni confirmées ni réfutées. Les semi-vérités engendrent la confusion et la méfiance, tandis que la vérité, même désagréable, entraîne la confiance et donne aux enfants le sentiment rassurant de savoir exactement ce qui leur arrive[6].»

Troisième vérité: les enfants grandissent et changent

Cette délicieuse petite fille tendre et timide deviendra un jour une adolescente hargneuse et révoltée, ce chouette petit garçon en culottes courtes fera dans très peu d'années des équations et la barbe lui poussera. Difficile à imaginer? (Entre nous soit dit, si les parents étaient vraiment capables de cette imagination prospective, le taux de natalité déjà faiblard baisserait encore plus radicalement qu'il ne le fait depuis que le contrôle des naissances existe!)

Pourtant, si quelque chose est sûr, inéluctable, c'est cette mutation des enfants. De ce fait, tout ce que décident les parents au moment d'un divorce ne devrait représenter, dans leur tête et dans leur coeur, qu'une solution provisoire. Quelques années plus tard, il peut être bénéfique pour l'enfant de réexaminer avec lui les dispositions arrêtées à un moment précis de sa vie. Les enfants changent et grandissent terriblement vite, Jacqueline en a fait l'expérience: «Quand nous avons divorcé, Rémi avait 12 ans et Catherine 8. Il n'était pas question de les séparer, j'ai eu la garde des deux. Mais, trois ans plus tard, Rémi est devenu très difficile au moment de l'adolescence. Il s'est mis à détester cette "maison de femme", comme il disait, il était désagréable avec sa soeur et odieux avec moi. Son père m'a proposé de le prendre, j'ai beaucoup hésité, l'idée de lâcher mon fils et surtout de le voir vivre avec la deuxième femme de son père m'était très désagréable. J'ai quand même fini par accepter. En deux ans, il s'est complètement transformé, ses relations avec moi se sont beaucoup améliorées et, sincèrement, Catherine et moi avons passé deux ans de rêve.»

Ces remises en cause ne se passent pas toujours aussi bien quand le parent-gardien reste barricadé dans son bon droit ou quand le parent non gardien n'a pas la générosité de réorganiser sa vie en récupérant un de ses enfants. Mais il faut savoir que plus les enfants grandissent, plus les problèmes qu'ils posent exigeront de réflexion commune entre les parents. Comme disait ma grand-mère: «Petits enfants, petits

problèmes. Grands enfants, grands problèmes.»
Cela est vrai pour les enfants du divorce, aussi.

D'après les chiffres officiels, la structure par âge
des enfants de divorcés d'une année donnée se répar-
tit de la façon suivante: 50% ont moins de dix ans,
25% de dix à quinze ans, 25% plus de quinze ans. Il y
a donc, en définitive, autant de grands que de petits.
Il n'est pas question de régler le sort des plus de dix
ans comme on dispose des tout-petits. Cela va sans
dire, mais cela va encore mieux en le disant, car
beaucoup de jeunes reprochent à leurs parents divorcés de ne s'être pas suffisamment souciés de les tenir
informés et, surtout, de ne pas leur avoir demandé
leur avis sur les dispositions qui les concernaient
directement. Il semble que les parents sous-estiment
toujours la conscience que les enfants peuvent avoir
de la situation. Souvent, ils ne leur parlent qu'au dernier moment: celui de partir, de se séparer. Ce manque de confiance blesse inutilement des enfants qui
ont déjà bien d'autres raisons d'être préoccupés.

*Quatrième vérité: un enfant a droit à ses deux
parents*

Quel qu'il soit, et quoi qu'il ait fait, le père d'un
enfant est le père dont il a besoin *toute sa vie*, parce
qu'il n'en a qu'un et que personne au monde, jamais,
ne pourra le remplacer. La mère aussi, bien sûr, mais
sa présence et sa nécessité sont moins souvent
contestées par les hommes. Dans la grande majorité
des divorces, la garde des enfants est confiée à la
mère, ce qui confère aux femmes un pouvoir quotidien plus grand, et les incite parfois aussi à croire ce
pouvoir absolu. Dans l'immense majorité des cas, les
mères ont la garde parce que les pères ne la

demandent pas. Ce n'est pas une raison pour transformer une famille monoparentale en matriarcat.

Les pères se plaignent souvent de se sentir évincés comme si, en dehors des droits de visite, on voulait gommer leur présence dans la tête de leurs enfants. Ce reproche est revenu si régulièrement dans leurs réflexions qu'il semble important de mettre en garde les mères gardiennes. Elles ont une dangereuse tendance à se sentir nécessaires et suffisantes, s'imaginant volontiers qu'elles peuvent combler tous les besoins et attentes de leurs enfants. Parfois, dans leurs fantasmes secrets, certaines mères rêvent de voir s' «évaporer» le père de l'enfant, pour en rester seules «propriétaires». Elles croient que ce serait préférable pour le petit de ne pas être tiraillé de droite et de gauche, de ne pas avoir à zigzaguer entre les deux vies privées de ses parents. Pire encore, quand elles reforment un couple avec un autre homme, elles évinceraient volontiers le père naturel au profit du nouveau compagnon. Combien de femmes accepteraient que leur enfant appelle «Papa» l'homme avec qui elles vivent, sans se demander la tête qu'elles feraient si elles entendaient le même chérubin appeler «Maman» une autre femme qu'elles? Ces mères exclusives ne devraient pas se laisser aller à leurs fantasmes: rien n'est pire pour un enfant que de manquer *totalement* d'un de ses deux parents. Une étude d'un sociologue français sur la situation familiale des jeunes délinquants a montré qu'ils se recrutent au moins autant parmi les orphelins que parmi les enfants de divorcés[7].

Quand un enfant a la chance d'avoir ses deux parents vivants, il ne faut pas en faire un orphelin de l'absence.

La meilleure solution pour la garde d'un enfant est toujours celle qui lui permettra de voir le plus souvent, le plus longtemps et le plus intimement possible son parent non gardien. Le droit de visite n'est pas un 'maximum légal, mais un minimum vital.

Meilleure solution: la garde conjointe

En France, la formule juridique de la garde conjointe, que commencent à adopter beaucoup de couples qui divorcent par consentement mutuel, présente bien des avantages. En confiant la responsabilité de l'enfant aux deux parents, même si l'enfant habite de façon continue avec l'un d'eux, elle les encourage à rechercher ensemble les solutions les plus conformes à l'intérêt de l'enfant et à se mettre d'accord sur tout ce qui le concerne: santé, études, orientation, vacances, etc. Un groupe de réflexion réuni en juin 1980 par Monique Pelletier, alors ministre français de la Famille et de la Condition féminine, s'est déclaré tout à fait favorable à la garde conjointe: «Ce mode d'exercice de l'autorité parentale implique, pour produire toute son efficacité, un accord complet et sincère entre les parents. Elle a permis de résoudre ou de prévenir des conflits dans la mesure où, reconnaissant un rôle égal à chacun des parents, elle évite les frustrations de celui qui, dans la solution classique, n'est pas titulaire de la garde. La pratique démontre que la garde conjointe rend possibles des accords qu'exclurait toute autre solution. Lorsque les enfants, ou le plus souvent les adolescents, ont eu l'occasion d'exprimer leur opinion sur cette mesure, notamment auprès des psychothérapeutes, cette solution qui leur permet de vivre auprès du parent de leur choix, sans provoquer de conflit judiciaire, leur est toujours apparue comme satisfaisante.

«L'augmentation du nombre des décisions consacrant la garde conjointe ne signifie pas pour aurant que, dans la réalité, des changements radicaux vont se produire. En l'état de nos moeurs et de nos mentalités, ce sont les mères qui hébergeront dans la grande majorité des cas les enfants et qui les élèveront au moins dans leur très jeune âge, et encore très souvent par la suite. Mais, en revanche, il est probable qu'un nombre plus important de pères divorcés pourront, grâce à cette solution, garder une relation affective avec leurs enfants, participer véritablement à leur éducation et être associés aux décisions importantes les concernant[8].»

J'ai longuement cité les conclusions de ce rapport car elles me paraissent essentielles, porteuses d'un avenir moins traumatisant pour les enfants. Le divorce a changé de nature depuis quelques années, il n'est plus forcément un acte d'accusation d'un conjoint contre l'autre, mais le constat d'un échec conjugal dont on tente d'atténuer le plus possible les conséquences pour les enfants. Plus s'éloignera cette image du divorce-sanction, plus les parents seront capables de reconnaître leurs divergences sans oublier leurs tâches éducatives communes. La «garde conjointe» se généralise alors au même titre que le «consentement mutuel» en France.

Je sais bien que, pour l'instant, ces divorces-partages ne représentent qu'une petite partie des cas, pourtant ils se pratiquent essentiellement chez les jeunes couples, ceux qui ont la responsabilité d'enfants petits. Tant mieux, car l'enfant ne sera bientôt plus une sucette qui récompense le conjoint vertueux et dont on prive celui qui n'a pas été «sage». Puissent, dans quelques années, les bagarres sur les droits de visite, avec certificats médicaux épinglés sur la porte close et constats des policiers pour non-présentation d'enfants, paraître aussi ridiculement démodées que les constats d'adultère débusquant à l'aube les coupables entre leurs draps froissés. Il restera toujours des parents suffisamment égoïstes pour se venger par enfants interposés, mais ils porteront seuls la responsabilité de leur crime (je pèse tout à fait mes mots): la loi n'est plus faite pour leur garantir l'impunité.

Des raisons d'être optimistes

Je voudrais clore ce chapitre sur les enfants et le divorce sur une note optimiste. D'abord parce que je suis persuadée que l'inquiétude et la culpabilité sont très mauvaises conseillères en matière éducative. Si nous ne pouvons proposer à nos enfants de passer la première partie de leur vie dans un foyer tout à fait classique, essayons au moins de leur offrir, dans nos vies compliquées, une atmosphère de joies simples. Ayant vécu presque toute ma vie de mère avec des enfants de divorcés — les miens —, et côtoyé des centaines d'enfants de divorcés — ceux de beaucoup de mes amis et collègues —, j'ai constaté qu'en définitive ils ressemblent exactement aux autres. Il en est de difficiles, bien sûr, mais dont je ne suis pas sûre qu'ils auraient été moins tordus si leurs parents ne s'étaient pas séparés. Il en est aussi de remarquablement équilibrés, qui passent au travers des orages conjugaux des adultes sans y perdre leur force et leur envie de vivre.

Une remarque à ce sujet: je me demande souvent si on n'a pas exagéré l'importance de l' «éducation» dans la formation de la personnalité. Moi qui suis passionnée d'enfants — comme d'autres aiment les tableaux et les chiens, pour le plaisir de les regarder et d'essayer de les comprendre —, je suis frappée par les différences de «tempérament» dont peuvent faire preuve des nourrissons, presque à la naissance, en tout cas dès les tout premiers mois de la vie. Pourquoi un bébé ronronne-t-il de plaisir en tétant, tandis que l'autre s'alimente du bout des lèvres? Pourquoi l'un dort-il tranquille et décontracté tandis que l'autre cherche nerveusement le sommeil? Le tout, bien entendu, dans la même famille, avec les mêmes parents qui mettent la même bonne volonté à s'en occuper. Je trouve ces différences très déculpabilisantes pour les parents: ceux-ci peuvent se sentir moins totalement responsables de toutes les difficultés caractérielles de leurs rejetons.

Évidemment, quand un divorce ajoute des occasions d'être difficile à un enfant déjà pas commode, il devient carrément odieux. Cependant, comme la majorité des enfants sont plus équilibrés qu'on ne le dit et le colporte, et qu'ils sont surtout doués d'un solide égocentrisme, il s'en trouve beaucoup pour fort bien tirer leur épingle d'un jeu qui concerne les adultes bien plus que leur petite personne.

Voulez-vous une preuve de ce que j'avance? La nation la plus divorçante du monde, les États-Unis, est également considérée comme un pays formidable pour les jeunes. Il règne, sur les campus américains, une atmosphère de créativité, de motivation au travail, de décontraction dans les relations humaines, qui, de l'avis de tous les jeunes Européens qui ont eu l'occasion d'aller faire des études là-bas, se révèle infiniment plus enrichissante et sympathique que celle des universités européennes. Si, réellement, les générations d'enfants de divorcés présentaient des troubles graves de la personnalité, voilà longtemps que cette jeunesse américaine aurait perdu le goût de vivre et le sens de l'avenir. S'il n'en est rien, c'est peut-être que la stabilité du couple parental, la pérennité de l'organisation familiale ne sont pas, en définitive, aussi indispensables à la «fabrication» des jeunes qu'on s'évertue à nous le répéter.

J'irai plus loin: les enfances trop simples et protégées ne risquent-elles pas de fabriquer des jeunes trop gâtés, manquant de personnalité? Beaucoup d'adolescents actuels, dans les couches les plus favorisées par la société de consommation, qui n'ont connu que le confort douillet d'une enfance surprotégée, souffrent d'une inappétence à vivre et d'une inaptitude à l'effort qui terrifient leurs parents. Se souvenant de leur propre jeunesse plus passionnée et active, pères et mères se demandent quelles erreurs ils ont pu commettre. Ils oublient qu'ils ont eux-mêmes forgé leur caractère dans des périodes perturbées — par la crise et par la guerre, à des époques où tout n'était pas toujours facile et rose pour les petits enfants et où leurs parents se penchaient peut-être moins attentivement sur toutes les manifestations de leur ego.

Un soir, avec mon ami Louis, enfant de divorcé, lui-même divorcé, nous avons eu une discussion significative:

— Tu ne vas quand même pas oser écrire que le divorce n'est pas une catastrophe pour les enfants!

— Pourquoi! Regarde-toi, le divorce de tes parents ne t'a pas empêché de faire ta vie. Une vie pleine de réussites, de passions et de joies...

— C'est vrai, mais moi, ça n'est pas pareil. Comme j'en ai beaucoup souffert étant enfant, j'ai surcompensé en développant une formidable envie de réussir et d'être heureux.

— Et ta fille, elle n'a pas l'air tellement frappée?

— C'est vrai, mais elle, ça n'est pas pareil, sa mère et moi sommes restés très bien ensemble et nous avons toujours tout fait pour qu'elle souffre le moins possible de notre séparation.

— En somme, tu considères que vous êtes deux exceptions, parce que c'est la catastrophe qui représente la normale?

— Oui, absolument.

— Et tu ne t'es jamais demandé si ce n'est pas l'inverse qui était vrai? Que la «normale» soit représentée par un maximum d'enfants de divorcés qui s'en sortent plutôt bien, et que les catastrophes restent l'exception?

Il a haussé les épaules, désespérant de me convaincre. Il m'a toujours considérée, à juste titre, comme une optimiste invétérée. Le moyen de faire autrement quand on a décidé de ne pas se laisser couler au fond de la piscine du divorce avec ses chers petits dans les bras? Si les principaux intéressés, les parents, ne croient pas aux chances de s'en sortir, comment voulez-vous que les gosses surnagent?

Cela suppose, je le sais, de ne pas se venger par enfants interposés. Ce n'est pas toujours facile quand on se débat au milieu des difficultés matérielles et de ces terribles problèmes d'argent qui empoisonnent l'atmosphère des divorces.

VII

Ces difficiles problèmes d'argent

Du point de vue financier, fort peu de divorces se passent vraiment bien. Seuls échappent au côté inévitablement mesquin, pour ne pas dire sordide, des discussions pécuniaires entre conjoints qui ne se veulent plus tellement de bien, les couples à deux salaires à peu près égaux, ne possédant presque pas de patrimoine commun, qui préfèrent abandonner les petites cuillères plutôt que de sortir leurs couteaux.

Honnêtement, ils sont encore peu nombreux. On peut cependant espérer qu'ils le deviendront de plus en plus, au fur et à mesure que le statut professionnel des femmes permettra à celles-ci de se retrouver aux mêmes niveaux de revenus que leurs partenaires. Deux professeurs disposant chacun de leur salaire n'ont pas de raison de prolonger l'agonie de leur couple condamné en mégotant sur trois casseroles et deux serviettes. Chacun assumera son avenir, ils partageront les frais occasionnés par les enfants et, quand ils seront vieux, chacun touchera sa retraite.

En fait, ce sont les déséquilibres entre les situations financières des deux conjoints qui expliquent l'âpreté des discussions d'argent. Plus cette disparité est grande, plus dure sera la bataille. Une bataille qui se révèle ou sauvage ou injuste. Sauvage quand les deux parties en présence défendent sou à sou leurs intérêts avec une âpreté telle qu'il leur faut parfois des années avant de trouver un terrain d'entente matérielle — on m'a même cité le cas de certains couples qui, de contestations en expertises, sont ainsi restés mariés, enchaînés l'un à l'autre par la menace de la ruine — triste dissuasion! Injuste quand, de guerre lasse, le moins intéressé des deux — ou le plus désireux de refaire sa vie — finit par accepter d'être floué pour échapper au huis clos de la maladie conjugalo-financière.

Objectivement, cette difficulté à régler les problèmes d'argent s'explique: un divorce est une source évidente de déséquilibre monétaire. Il entraîne une redistribution des dépenses et occasionne des frais supplémentaires dont les futurs «ex» ne mesurent pas toujours l'ampleur. Sujectivement aussi, les négociations d'argent se déroulent presque toujours dans des conditions épineuses. Les règlements de comptes en ménage réveillent des conflits étroitement liés à la mésentente conjugale, ravivent des frustrations qui, ne pouvant s'exprimer d'autre manière, se donnent libre cours sur les questions d'argent. Très souvent, l'un des deux veut faire payer à l'autre sa déception et l'échec de son couple. Depuis que les Phéniciens ont inventé la monnaie, celle-ci sert aussi à indemniser les amours perdues.

Deux vies coûtent plus cher qu'une

Quand deux personnes cessent de faire maison commune, les dépenses additionnées de l'une et de l'autre sont supérieures à leur budget commun antérieur. Le train de vie de chacune va donc mathématiquement s'en trouver réduit. Pas besoin d'être expert-comptable pour détecter les origines de ce déficit.

Deux logements au lieu d'un, deux téléphones, deux chauffages, deux factures d'électricité, deux jeux d'assurances, éventuellement un deuxième moyen de transport, la plupart des charges fixes d'un seul et même foyer vont se trouver multipliées par deux. Or nous savons que ces frais fixes représentent une part de plus en plus lourde dans le budget des ménages. Plus lourde que l'alimentation, et surtout infiniment plus incompressible. Les loisirs et les vacances aussi coûtent plus cher quand il faut les prendre en ordre dispersé. Très souvent, la désorganisation de la vie quotidienne entraîne des frais supplémentaires. Les femmes au foyer, soudain contraintes de travailler à l'extérieur, gèrent moins attentivement les dépenses quotidiennes. Les hommes retrouvent la vie de célibataires et ses multiples faux frais. Les agences immobilières, les restaurants, les blanchisseurs, les magasins de produits surgelés ont certainement vu augmenter leur chiffre d'affaires depuis le divorce-boom. Un agent immobilier m'a affirmé que près de 60% de son chiffre d'affaires étaient plus ou moins directement liés à des divorces: soit pour la location d'appartements où s'installent les conjoints solitaires, soit pour la revente du patrimoine immobilier que les couples avaient acquis en commun et qu'ils réalisent pour repartir séparément sur des bases financières différentes. Comme quoi les difficultés des uns peuvent faire la prospérité des autres.

De plus, au cours de la première année qui suit la séparation, il faut assumer les frais d'avocats et de justice, ceux entraînés par la liquidation de la communauté, les déménagements, les installations, les cautions pour les locations, les travaux presque toujours nécessaires, même si on les limite au strict minimum. Tout cela coûte cher, très cher, beaucoup plus cher qu'on ne s'y attendait. Des statistiques françaises chiffrent à 20% au moins la diminution de niveau de vie que devra assumer chaque membre d'un couple après un divorce. En fait, dans l'arithmétique du divorce, un + un n'égale pas deux, mais, à mon avis, au moins trois.

Sur ces difficultés financières, tous les témoignages des divorcés concordent: ils n'avaient pas réalisé, avant de faire logement à part, à quel point leur niveau de vie, donc leur style de vie s'en ressentirait. On peut d'ailleurs se poser à cette occasion la question des répercussions éventuelles de la crise économique sur la stabilité conjugale. Si le pouvoir d'achat diminue, verra-t-on le divorce-boom régresser? Quand on interroge les divorcés, on recueille très peu de «Si j'avais su...» ou de «J'aurais mieux fait de rester...» Au contraire, il apparaît que les difficultés d'argent deviennent insupportables quand la maladie conjugale en démultiplie les effets dévastateurs.

Henriette, infirmière, s'explique: «Nous n'étions absolument pas d'accord sur la façon de dépenser notre argent. Chaque fois que mon mari pariait aux courses — il misait près de 60$ par semaine, presque 20% de ce qu'il gagnait —, je lui en faisais la remarque et ça dégénérait en scène. Lui, me reprochait d'habiller mon bébé comme une princesse et de me faire teindre les cheveux chez le coiffeur. Vous imaginez l'horreur. Maintenant, je vis seule avec mon bébé, il me donne 120$ de pension par mois, j'ai du mal à joindre les deux bouts, mais au moins je suis libre de vivre et de dépenser comme bon me semble. Je n'ai de comptes à rendre à personne.»

Raisonnement de femme salariée, bien sûr, mais il ne faut pas oublier que la grande majorité des femmes qui divorcent sont dans ce cas. Elles considèrent que leur autonomie financière leur permet d'échapper à cette situation tellement humiliante: accepter d'être mal dans leur vie pour pouvoir subsister, elles et leurs enfants.

C'est ce que sont prêtes à faire encore beaucoup de femmes au foyer, sachant qu'elles seront les plus touchées dans leur niveau de vie en cas de divorce.

La dure situation des femmes au foyer

On ne le dira jamais assez: sauf cas tout à fait exceptionnels — un ex-mari disposant de beaucoup d'argent et faisant preuve d'une générosité qui frise presque la prodigalité —, le statut de femme inactive sans homme à la maison est financièrement un désastre. Les prestations compensatoires qui lui sont allouées, les pensions alimentaires attribuées aux enfants dont elle a en règle générale la garde, ne peuvent jamais, même quand elles sont convenablement évaluées et régulièrement payées, égaler le budget dont disposait la famille avant le divorce.

Il circule encore des histoires mirobolantes de femmes divorcées menant des vies oisives et confortables aux crochets de leurs ex-maris; il ne faut pas y croire. Elles appartiennent à la légende d'avant-guerre plutôt qu'à la réalité. Les mentalités et les lois considèrent de moins en moins que le fait d'épouser un homme à vingt ans soit une assurance-confort jusqu'à la mort.

Combien sont-elles, ces femmes chefs de famille sans profession? En France, on estime cette proportion à 20%, des divorcées. Deux femmes sur dix qui dépendent totalement, pour subsister, d'un homme qui ne vit plus avec elles et qui ne leur est légalement rien d'autre qu'un débiteur. Ce chiffre peut paraître faible; moi, je le trouve préoccupant. Quand on songe à ce que représente cette situation de dépendance monétaire, à tout ce qu'elle implique d'aliénation, d'humiliation, puisqu'il faut tendre la main à quelqu'un qui a lâché la vôtre, on se dit que la société entière devrait s'efforcer de sortir ces malheureuses du chômage conjugal.

Oublions les quelques paresseuses de luxe qui ont décidé de se faire entretenir jusqu'à la mort parce qu'elles ont toujours considéré leur mariage comme un bon placement et qu'elles n'admettent pas que l'entreprise qui les faisait vivre ait fait faillite. Elles représentent un groupe minuscule et en voie de disparition. Pour les autres, celles qui se retrouvent sans formation professionnelle et sans ressources propres, et qui désirent sortir de la dépendance morale et matérielle, on pourrait prendre exemple sur le Danemark.

Dans ce pays nordique, les jeunes femmes au foyer qui divorcent reçoivent pendant trois ans une formation professionnelle payée par l'État. Durant ce temps, les indemnités dues par le mari sont directement encaissées par les finances publiques. En fin de formation, quand la femme trouve du travail, seules restent dues par le père les pensions versées au titre des enfants. Ce système me paraît plus «digne», plus juste aussi. D'une part, il rompt vraiment le lien conjugal dont l'argent est un des symboles les plus évidents. D'autre part, ce système danois évite de prolonger les discussions d'argent qui empoisonnent les relations entre les «ex» longtemps après le divorce. Discussions dont les enfants subissent si souvent les contrecoups: si le père ne paie pas, la mère se venge sur les droits de visite, ou, pire encore, sur l'image qu'elle donne du père à l'enfant. Si le père paie insuffisamment, la mère se plaint à juste titre de ne pouvoir maintenir son niveau de vie. Trop souvent, l'enfant joue les percepteurs: «Tu diras à ton père que je n'ai pas reçu son chèque ce mois-ci...» — ou les mendiants: «Maman a dit qu'elle n'avait pas de quoi me payer des chaussures neuves avec ce que tu nous donnes.» En coupant le cordon monétaire entre les époux, le système danois rend à chacun sa dignité. Il évite de prolonger trop longtemps des relations d'argent qui ne peuvent être que génératrices de conflits.

Il suffit d'écouter les récits que font avocats ou divorcés sur ces histoires d'argent qui se déroulent au moment du partage des biens communs pour se rendre compte que leur prolongation pendant des années ne peut être que catastrophique pour l'avenir des uns et des autres.

Les sordides histoires d'argent

J'ai dans mes dossiers d'interviews des anecdotes sordides concernant le partage des biens ou la fixation des pensions et prestations au moment d'un divorce. Je pourrais — et tous les avocats et tous les notaires aussi — écrire un livre entier sur ces harpagonneries. Comment telle dame qui avait abandonné son mari pour aller vivre avec le petit cousin de celui-ci venait ensuite vider tous les placards de son ancien domicile conjugal dans des sacs-poubelles chaque fois que son époux, cameraman de télévision, était envoyé en reportage. Ou encore comment un faux chômeur, employé au noir par sa petite amie dans le restaurant de celle-ci, a pu se déclarer sans ressources pour ne pas avoir à payer une pension trop élevée pour son fils. Éventuellement, comment ce pauvre quinqua, marié sous le régime de la séparation, s'est retrouvé en presque chemise quand sa jeune femme s'est envolée avec, en poche, les titres de propriété de plusieurs appartements qu'il avait mis à son nom pour des raisons fiscales compliquées. Ou comment...

Je m'arrête là, puisque j'ai décidé de ne pas m'étendre inutilement sur ces transactions douteuses dont certains escrocs ès divorces se rendent coupables en toute impunité. En effet, il y a de drôles de choses dans le droit: entre mari et femme, des tas de coups bas sont possibles que seule la morale réprouve, mais pas la loi. On peut donc, avec un avocat hargneux et un code civil détaillé, assouvir son désir de vengeance de bien des façons différentes. Par exemple: le régime de la communauté suppose que tout ce qui a été acquis par le couple pendant la période du mariage soit partagé en deux parts égales au moment du divorce. On peut ainsi forcer un mari ou une femme à vendre son commerce florissant en réclamant intégralement son sû sans délais de paiement.

Ces justiciers conjugaux existent, tous les avocats en ont rencontrés. Le plus fort, c'est qu'ils parviennent généralement à se donner bonne concience en se disant qu'ils ont affaire à un salaud ou à une chipie, et que ce n'est que justice de lui faire cracher ses billets de banque. S'ils peuvent ensuite dormir tranquilles, retrouver leur équilibre et leur bonne conscience, tant mieux pour eux. Ils ressemblent à ces frères et soeurs capables de se fâcher à jamais pour de sombres histoires d'héritages. Je n'envie ni les uns ni les autres. Il me paraît préférable, pour le

124

confort personnel de chacun, de faire preuve de plus d'honnêteté et de rendre à chacun son dû. Seuls les bons comptes font les bons «ex».

Les bons comptes font les bons «ex»

Les avocats le savent bien, il n'est pas toujours facile d'obtenir des règlements financiers équitables en pleine crise conjugale. L'atmosphère, est trop souvent chargée d'affectivité. Les sentiments et l'argent font rarement bon ménage. Quand tout va bien, on ne s'en soucie pas assez; quand rien ne va plus, on s'en préoccupe trop.

La confiance est essentielle pour parvenir à un accord «honnête». Dans le climat émotionnel qui entoure les derniers soubresauts d'un couple, il arrive souvent, en effet, que même sans vouloir jouer les escrocs, l'homme ou la femme se fasse léser ou, au contraire, demande l'impossible.

● *Se font léser:* les demandeurs de liberté prêts à tous les sacrifices financiers pour sortir d'une relation morte et reconstruire un nouveau couple. Pour presser le mouvement, ils lâchent tout dans un premier temps, quitte à s'apercevoir ensuite qu'ils ne peuvent pas faire face à leurs engagements. Les non-demandeuses qui espèrent jusqu'au bout une réconciliation et acceptent presque toutes les conditions du partant pour faire la preuve de leur bonne volonté. Les irréalistes sentimentaux qui refusent de s'intéresser aux questions bassement matérielles et font confiance à l'autre pour que tout se passe au plus vite et du mieux possible.

● *Demandent l'impossible:* les femmes en général, qui ont vécu dans l'irresponsabilité financière et qui ne connaissent pas précisément les ressources du ménage ou les gains du mari. Elles calculent leurs exigences d'après leurs besoins supposés et non selon ses possibilités à lui. Les amoureux dépités, hommes ou femmes, qui tentent de pressurer au maximum celui qui s'en va, pour l'empêcher de refaire confortablement sa vie ailleurs avec quelqu'un d'autre.

Dans tous ces cas, les avocats affirment qu'ils essaient de faire entendre raison à leur client(e), mais qu'ils ne sont pas toujours suivis. De même que certains malades changent de médecins quand ils n'obtiennent pas le diagnostic ou le traitement qu'ils sont venus chercher, certains plaideurs du divorce portent leur dossier de cabinet en cabinet, à la recherche d'un défenseur qui épouse leur point de vue. Ils ne s'en trouvent pas toujours plus avancés pour autant, car les juges s'efforcent ensuite de pondérer les demandes qui leur paraissent aberrantes. On m'a cité le cas d'une femme au foyer qui réclamait à son mari une prestation compensatoire représentant trois fois le salaire de celui-ci: l'avocat du mari plaide la mauvaise foi et l'esprit de revanche de la femme, il démontre à quel point celle-ci se moque de l'intérêt de ses enfants, puisqu'elle envisage de ruiner et d'endetter leur père pour la vie. Le jugement a accordé des pensions alimentaires aux enfants et aucune prestation compensatoire à la femme... Les juges ont voulu donner à cette femme une leçon d'honnêteté qui lui a coûté cher.

Les juges ne sont pas toujours aussi sévères, mais il faut savoir que la jurisprudence tient compte de l'évolution des moeurs. Les magistrats ne se montrent systématiquement généreux que pour les femmes ayant dépassé la cinquantaine. Pour les jeunes, féminisme oblige, ils estiment à juste titre que le mariage n'est pas en soi une assurance-vie. Il leur arrive même de refuser des accords qui ont été acceptés par les deux époux. Ainsi ont-ils refusé récemment d'accorder une prestation compensatoire ver-

126

sée à une femme de moins de 30 ans sous forme d'une rente viagère de 400$ par mois. Les juges ont demandé une limitation dans le temps: il leur paraissait injuste de condamner un mari à payer pendant trente ou quarante ans, alors qu'il n'avait vécu que quelques années avec sa femme.

Les histoires d'argent du divorce ne sont pas toujours aussi compliquées; de plus en plus, dans les ménages de jeunes où les deux partenaires gagnent leur vie, la fin du lien conjugal représente aussi la fin du lien financier. Entre gens «normaux» ni désespérément pauvres ni vraiment riches, ce qui est le cas de la majorité des couples touchés par le divorce-boom, un accord équitable se trouve logiquement.

Juridiquement, il me semble que le problème n'est pas seulement de divorcer vite — Dieu sait pourtant si les lenteurs de la justice paraissent parfois exaspérantes quand on a décidé d'en finir et qu'on n'arrive pas à en sortir! —, mais de divorcer bien. Correctement pour tous les deux. Sans une solution qui satisfasse les deux parties, qui leur donne le sentiment que justice a été rendue, il restera toujours une amertume ou un remords pour empoisonner les lendemains du divorce.

VIII

Les lendemains qui grincent

— On devrait toujours divorcer au printemps.

— Quelle drôle d'idée, pourquoi au printemps?

— Parce que les jours sont longs, que le soleil brille plus souvent. C'est tellement difficile, les premiers mois d'un divorce, quand on se retrouve seule. Il faut profiter du printemps et de l'été pour sortir au maximum, partir en week-end avec des copains, prendre des vacances, se refaire une santé physique et morale, se bronzer, se sentir belle, changer de rythme de vie, manger des choses froides à n'importe quelle heure, pour surtout ne pas faire la cuisine et tenir la maison comme «avant», rencontrer des gens nouveaux qui ne vous associent pas automatiquement au couple que vous venez de voir exploser. Toutes choses plus faciles aux beaux jours...

— Vous avez divorcé au printemps?

— Justement pas, j'ai fait tout le contraire. Nous avons voulu fêter un dernier Noël «normal», à cause de ma petite fille de cinq ans. À cause aussi des grands-mères à qui nous ne l'avons annoncé qu'après les fêtes. Résultat: le grand départ n'a eu lieu qu'en janvier. La catastrophe: des jours gris, des nuits trop longues, des finances de lendemains de fêtes, et pas une sortie pour se changer les idées. Au milieu de l'hiver, personne ne vous invite, on ne peut que rentrer dans sa maison désertée et solitaire pour remâcher son cafard devant les médiocres feuilletons de la télévision. Lesquels feuilletons, bien entendu, ne parlent que d'histoires d'amour qui finissent bien!

Un mois après cette conversation sur les ruptures printanières, je rencontre une autre «ex», nous abordons également le sujet des lendemains qui grincent:

— J'ai un souvenir sinistre de mes six premiers mois de solitude. Comme beaucoup de gens, nous avions profité de l'été pour en finir «physiquement». Mon mari avait déménagé fin juin, je savais qu'il ne reviendrait jamais. Curieusement, au lieu d'être soulagée, nos derniers mois de vie commune avaient été très pénibles et je me suis tapé la déprime de ma vie. Les enfants passaient leurs grandes vacances chez mes parents, j'étais seule à la maison et complètement déboussolée. Je me souviens de n'avoir pas osé téléphoner à une de mes meilleures amies de peur de tomber sur son mari provisoirement célibataire. Je redoutais d'être obligée de lui raconter mes démêlés conjugaux, et qu'il s'imagine que je voulais me faire inviter à dîner.

«En plus, l'été, toutes les filles vous paraissent plus jolies, les hommes ont tous l'air de draguer. Je ne me suis jamais sentie aussi moche, vieille et abandonnée que cet été-là. En hiver, la vie est mieux organisée, les enfants vont chaque jour à l'école, les copains sont là pour vous remonter le moral, les obligations du quotidien vous forcent à faire surface. Dites-leur bien: il vaut bien mieux divorcer en hiver!...

Conclusion: peu importe la saison, les premiers mois d'un divorce sont toujours une période infiniment nostalgique à vivre. Toujours? Pour tout le monde? Il ne faut jamais dire «tout le monde» ni «toujours» dans ce genre d'enquête; personnellement, je n'ai pourtant rencontré que des divorcé(e)s qui gardent de leur séparation un souvenir difficile. Ils croyaient avoir vécu le pire quand la mésentente et la perspective du divorce rongeaient leur quotidien à deux, et voici qu'après la partition, au lieu de se sentir libérés, guéris, prêts pour un nouveau parcours, ils se sont retrouvés seuls, abandonnés, trahis, furieux, coupables, déprimés. Joli résultat!

Passe encore pour les «quittés» qui ont lutté jusqu'au dernier moment pour empêcher leur mariage de se défaire. Elles/eux ont des raisons de regretter leur «mauvais» ménage, puisqu'ils ne voulaient pas d'un «bon divorce». Leur chagrin leur démontre qu'ils avaient raison d'avoir peur. Mais les autres? Les battues, les trompé(e)s, les humilié(e)s, les exploité(e)s, les abandonné(e)s, les nié(e)s, ainsi que les revendicateurs de liberté, les chercheurs de tranquillité, les aventuriers du changement, les amoureux fous que d'autres bras attendent dans un autre nid? Même ceux-là ne sautent pas de joie, ne dorment pas les bras en croix dans un grand lit en exclusivité, ne claironnent pas sur les toits la (bonne) nouvelle. Eux qui l'ont voulu, ce divorce, qui se sont parfois battus pendant des mois ou des années pour sortir d'une relation qui les minait ou leur pesait, soupirent aussi au lieu de respirer. Leur entourage n'en revient pas.

Tout divorcé doit faire son deuil

Combien de «Julies», impatientes de profiter de leur «libéré», éprouvent un sentiment d'amère victoire quand ledit «Jules» arrive, les valises à la main et le moral en écharpe. Elles s'attendaient à fêter l'événement aux chandelles et se retrouvent en train d'allumer des cierges aux quatre coins de son défunt ménage à lui. Certaines jeunes femmes, frappées par cette mélancolie libératoire, s'interrogent même sur les sentiments du susdit, regrettant de l'avoir tiré hors de ses retranchements conjugaux. Dans un tout premier temps, elles ont tort de s'inquiéter, elles oublient que tout divorcé doit faire son deuil: le deuil de son couple, le deuil d'une certaine image de lui-même, le deuil de ses habitudes, le deuil d'une famille, la sienne, qu'il n'est pas arrivé à préserver dans son unicité.

Ce «deuil», tous les psychologues le considèrent comme normal. Sa durée varie considérablement selon les individus et les circonstances de la rupture. Plus la relation conjugale a été forte, plus il risque de se prolonger. D'un autre côté, plus la maladie conjugale a été longue et les prémices du divorce étirées, moins il risque de s'éterniser. Sauf cas exceptionnels de couples qui, en fait, ne faisaient plus vie commune depuis belle lurette, même s'ils continuaient à habiter sous le même toit, le deuil dure rarement moins de six mois. Son début n'a rien à voir avec la procédure juridique, il commence du jour où la porte se referme définitivement sur un des deux conjoints, où chacun de son côté peut se dire qu'il est un «ex». Une étude américaine sur la *séparation shock* a montré que la crise prévisible ne se prolonge guère au-delà de vingt-quatre mois. Passé ce délai, les divorcé(e)s constatent que leur niveau de satisfaction, leurs sentiments de confiance dans l'avenir et l'image qu'ils ont d'eux-mêmes s'améliorent, ils reprennent goût à la vie[1].

Évidemment, certains ne se remettent jamais de la mort de leur couple, soit qu'ils ne le puissent pas, soit qu'ils ne le veuillent pas — je pencherais plutôt pour cette seconde hypothèse. Le nombre des inconsolables a même été évalué en France: 7% des hommes et 12% des femmes[2]. Ceux-là considèrent que le divorce a représenté pour eux une faillite définitive de leur vie personnelle. D'après mes interviews plus récentes, je pense qu'il faudrait réviser ce pourcentage en baisse. Un petit 8% d'inconsolables (6% d'hommes, 10% de femmes), c'est encore trop si l'on songe à toutes les joies que la vie réserve à ceux qui veulent bien s'y intéresser. On peut cependant espérer que la «normalisation» du divorce, liée à l'explosion du divorce-boom, aidera le temps à mettre du baume sur les plaies de ces coeurs brisés.

Pour tous ceux qui ont l'intention de se remettre, d'ajouter d'autres chapitres intéressants à leur biographie, il est important de savoir que ce n'est pas «mal» d'être triste, pas «bien» non plus, c'est tout simplement humain, normal, et limité dans le temps.

Une relation de couple tient une place considérable dans l'équilibre de ceux qui la vivent. Pas étonnant, dans ces conditions, qu'une séparation — qui représente un changement majeur dans le vécu personnel — soit cause de stress. Il y a un peu plus de vingt ans, deux psychiatres américains[3] ont établi une échelle du stress. Ils ont classé par ordre d'importance les quarante-trois événements majeurs qui obligent les individus à se réadapter socialement et personnellement. Les différents événements sont notés de 0 à 100 selon les efforts d'adaptation qu'ils demandent pour être totalement surmontés. Plus les efforts exigés sont importants, plus ils risquent d'avoir des répercussions néfastes sur la santé physique et mentale des sujets concernés. Des événements tragiques, comme la mort d'un être cher ou une maladie très grave d'un proche, ont évidemment des scores de stress très élevés; cependant, même des circonstances heureuses, comme le mariage ou une grossesse désirée, peuvent être génératrices de stress dans la mesure où elles exigent une modification importante des attitudes et des habitudes. Sur cette échelle du stress, le divorce arrive en deuxième position avec 73 points, juste derrière la mort du conjoint (100), et devançant un séjour en prison (63). Sur cette même échelle, le mariage est crédité de 50 points, et un licenciement de 47. Le divorce serait donc plus traumatisant que le chômage? Normal: il demande aux quittés comme aux quittants de réajuster tout à la fois leurs habitudes de vie, leurs relations sociales et l'image qu'ils ont d'eux-mêmes.

Les quittés souffrent principalement d'un sentiment de solitude, de frustration et d'injustice, tandis que les quittants doivent affronter une solide dose de culpabilité. Comme les émotions humaines n'obéissent pas à des règles logiques, il arrive également que les quittés se sentent coupables et les quittants solitaires. En essayant de comprendre comment se manifestent ces angoisses presque inévitables, les divorcés auront peut-être une chance de les supporter mieux et de les surmonter plus rapidement.

Le fantasme de réconciliation

Généralement, les quittés restent dans l'appartement ou la maison commune, ils obtiennent la garde des enfants. Peu importe qui a eu l'initiative juridique du divorce, le propre du quitté est de regretter la séparation quand elle intervient, de se sentir moins directement responsable que l'autre de ce qui est arrivé.

J'ai rencontré plus de femmes que d'hommes parmi les quittés, c'est pourquoi j'en parlerai au féminin. Néanmoins, les hommes quittés, et surtout les pères quittés qui obtiennent la garde des enfants, se retrouvent, m'a-t-il semblé, dans les mêmes dispositions psychologiques que leurs homologues femmes. En matière de post-divorce, la nostalgie n'a pas de sexe.

La quittée doit faire son deuil dans des circonstances particulièrement difficiles. Elle doit assurer la vie quotidienne des enfants et ne peut donc s'offrir le «luxe» de modifier toutes ses habitudes en changeant de couple. De plus, elle reste dans un environnement familier plein de souvenirs, où chaque visage, chaque objet qui l'entourent lui rappellent la présence récente de l'absent.

Claude, 40 ans, deux enfants, quinze ans de mariage: «Le pire, c'était ses affaires présentes dans toute la maison. Je ne pouvais pas ouvrir un placard ou faire un geste sans me cogner sur un objet-témoin: ses chaussures de ski rangées à côté des miennes, ses livres dans la bibliothèque, ses photos de jeunesse, ses pipes qu'il n'avait jamais jetées depuis qu'il s'était arrêté de fumer, des disques des Beatles et de Brassens qu'il m'avait fait découvrir du temps de notre bonheur. Je n'osais rien jeter, bien qu'il m'ait dit en partant que je pouvais tout bazarder. Un samedi où il devait venir chercher les enfants, j'ai tout enfourné dans deux grands sacs-poubelles que je lui ai demandé d'emporter. Après, je me suis sentie mieux.»

Ces vestiges de l'autre, dans un lieu où il n'est plus, jouent un rôle caractéristique. La plupart des quittées les respectent dans un premier temps, comme les veuves n'osent pas toucher aux reliques d'un défunt.

Le jour où elles s'enhardissent à faire de grands rangements, c'est que le processus de deuil touche à sa fin. Jusque-là, les objets-souvenirs s'inscrivent dans le grand fantasme de réconciliation.

«Et si tout cela n'était qu'un cauchemar, s'il changeait d'avis et revenait avec les enfants et moi, s'il s'apercevait qu'il n'est pas tellement heureux avec l'autre, s'il me demandait de reprendre la vie commune?» Les premières rêveries des quittées solitaires sont presque toutes identiques. Cela paraît tellement difficile de tout reconstruire qu'on préfère s'imaginer qu'il va être possible de revenir à la case mariage. Pour alimenter ce fantasme de réconciliation, on récrit l'histoire des années passées en gommant les scènes et les difficultés, en réhabilitant un personnage vieux de 5/10/20 ans, dont on avait totalement oublié l'existence en se déchirant avec sa version contemporaine. Même si, objectivement, cette éventualité est absurde — par exemple, quand le conjoint a clairement annoncé son intention de vivre avec quelqu'un d'autre —, on ne peut s'empêcher de cultiver l'espoir des retrouvailles et d'un mauvais départ. Fantasme parfois si fort qu'il conduit beaucoup de couples divorcés à refaire l'amour ensemble...

Je ne possède pas de statistiques précises, mais je peux affirmer que presque la moitié des jeunes «ex» ont une ou plusieurs expériences sexuelles communes dans l'immédiat après-divorce. Ces aventures intra-conjugales m'ont été signalées si souvent au cours de mon enquête qu'il m'a semblé intéressant de chercher à en comprendre la signification. À l'occasion d'une visite, d'un rendez-vous prévu pour parler des enfants, d'une réunion chez des amis communs où l'on se retrouve «par hasard», d'une cérémonie où les deux sont invités... à l'occasion d'une occasion que l'on croit fortuite et qui ne doit certainement pas l'être dans leur inconscient respectif, les «ex» se retrouvent «comme avant», dans le même lit, et font l'amour, le désir et le désespoir au ventre.

La présence du désir n'étonnera personne. N'y a-t-il pas un nouvel interdit qui vient réveiller la libido d'un homme et d'une femme le jour où ils n'ont plus «officiellement» le droit — ni même le devoir — d'être mari et femme? Quant au désespoir, il est simplement signe de lucidité. Ces flambées sexuelles ne ressuscitent pas les amours mortes. Certaines quittées ont honte de ces ébats ex-légitimes, elles ont l'impression de se tromper elles-mêmes en succombant à la tentation du passé. D'autres, au contraire, y puisent un sentiment de vengeance en essayant d'inspirer des regrets à l'irresponsable qui ne se rend même pas compte de ce qu'il a perdu. D'autres, enfin, y cherchent une satisfaction narcissique en se faisant la preuve de leur pouvoir, encore intact, de séduction. Une chose est certaine: ces retrouvailles éphémères déçoivent plus qu'elles ne régénèrent, éteignent plus qu'elles n'attisent les fantasmes de réconciliation. À cet égard, elles m'ont paru faire partie pour beaucoup d'un nécessaire processus de résolution du passé.

Les pachas à la clef

Pourtant, chez certains hommes, les sentiments sont plus ambigus encore. Leur flambée de désir s'inscrit dans une volonté de garder un pied dans la vie de toute femme qui a été leur. Égoïsme, infantilisme ou bigamisme? Ils entendent bien rester pro-propriétaires de leur «ex», même s'ils ont été à l'origine de la séparation.

Ces pachas-là ont un talisman: la clef de l'appartement. Ils la gardent sous divers prétextes pratiques: «Je passerai chercher mon courrier une ou deux fois par semaine», «j'ai encore quelques petites choses à déménager», «si je passe un jour voir les enfants et que tu n'es pas là», etc. — dans les faits (et dans leur tête), cette clef est la preuve matérielle de leur pouvoir. Tant qu'un homme garde la clef de la maison d'une femme, il est entendu qu'il peut entrer quand il veut, à toute heure du jour comme de la nuit. Il est encore chez elle comme chez lui, elle n'a pas vraiment de vie privée.

«J'ai mis près de six mois à lui réclamer cette clef. J'en avais fait une sorte de symbole de rupture définitive. J'y pensais chaque soir avec des sentiments mêlés: j'avais horreur de l'idée qu'il puisse arriver à l'improviste, en même temps je refusais de le chasser radicalement de ma vie, de mon lit. Cette clef m'obsédait. J'en ai parlé à une copine qui m'a mise au défi de la récupérer. Elle prétendait que ma lâcheté m'empêchait de tourner la page. Selon elle, je n'oserais jamais avoir une aventure avec un autre homme tant que mon mari aurait cette clef dans sa poche. En fait, c'était vrai, l'homme qui pouvait venir chez moi sans sonner était resté mon mari. Un jour, j'ai saisi un prétexte minable — une voisine qui devait arroser mes plantes vertes pendant que je serais en voyage — pour la lui réclamer. À voir la tête qu'il a faite en la décrochant de son trousseau et en me la tendant, j'ai compris que nous venions de rompre définitivement.»

Puis-je me permettre une remarque tout à fait personnelle sur ces ménages qui n'en finissent pas d'agoniser tout en sachant fort bien que l'issue est fatale? Je trouve cet acharnement thérapeutique nocif pour tous. Les enfants d'abord, qui ne comprennent généralement pas pourquoi leurs parents se quittent tout en ne se quittant pas. Papa revient dîner une ou deux fois par semaine quand ça l'arrange, on se retrouve tous à table, comme avant. Comment voulez-vous que les gosses s'y reconnaissent? On leur a annoncé un divorce et ils constatent que jamais depuis des mois leurs parents n'ont eu l'air aussi copains, aussi sympa l'un avec l'autre. Avec leur logique simple, ils espèrent forcément que Papa va revenir, que tout va recommencer. Autant c'est une bonne chose que de nouer plus tard des relations amicales avec le père de ses enfants, autant il me semble préférable, dans un premier temps, de clarifier la situation dans les têtes enfantines en ne multipliant pas les occasions de leur susciter, à eux aussi, des fantasmes de réconciliation.

Pour les femmes et les hommes également, ces «revenez-y» peuvent être nuisibles. Au lieu de laisser cicatriser les blessures narcissiques, ils les rouvrent, les réactualisent. Chaque occasion de s'apercevoir que le couple est mort devient une nouvelle source d'échecs. Non, je ne crois pas à l'après-divorce copain-copain.

Redéfinir son cercle de tendresse

Les divorcés ne sont pas seuls au monde. Leur histoire de désamour ne se passe pas strictement entre eux deux. En dehors des enfants, qui sont les témoins directs de la rupture, le couple gravite au centre d'un cercle de relations humaines qu'il va falloir soumettre à l'épreuve de la séparation. Chaque conjoint a une famille, ensemble ils ont des amis, des copains, des voisins, des collègues de travail, tout un monde au milieu duquel ils évoluaient jusque-là en tandem Monsieur/Madame. L'éclatement du couple va obliger chacun, pour sa part, à remettre en question ces liens de tendresse ou de jeu, d'entraide ou d'échanges. Au travail de deuil personnel vont s'ajouter de nécessaires efforts de réadaptation sociale.

Qu'on le veuille ou non, dans les rapports aux autres, le divorce redistribue les cartes: rien ne sera plus jamais tout à fait *comme avant*. Ce qui ne veut pas forcément dire que ce sera plus mal, mais différent.

Si je fais aujourd'hui le compte de mes amis, proches ou de passage, je m'aperçois que j'en ai perdu pas mal dans mes batailles conjugales, que j'en ai gardé quelques-un(e)s à titre personnel, qui m'ont été fidèles en dépit de mes changements de couples, que j'en ai trouvé de nouveaux, dans les différentes galaxies où mes compagnons évoluaient. En période de divorce-boom, la loi du changement ne diversifie pas seulement les couples, les amitiés aussi font la ronde.

La reprise de contact avec le monde extérieur, dont on éprouve très vite le besoin pour lutter contre la solitude, s'avère souvent d'autant plus difficile que la plupart des malades conjugaux graves se mettent au secret pour vivre leurs crises aiguës. En dehors de quelques intimes soigneusement tenus au courant de l'évolution de la situation, la discrétion est de rigueur quand le torchon brûle.

Entre nous soit dit, les couples ont raison de se cacher pour mourir. Rien n'est plus désagréable que d'assister en tiers à ces joutes oratoires entre époux, à base de fiel. Je me souviens d'avoir plusieurs fois énoncé des diagnostics pessimistes sur la pérennité de couples d'amis après avoir passé de ces soirées d'enfer où ils s'envoyaient des allusions désobligeantes, par sous-entendus et persiflages, au gré des moindres méandres de la conversation. La politique, les projets de vacances, les enfants, l'argent, la sortie des derniers films, même la météo, tout leur était prétexte à agressions caractérisées. Si l'on aime vraiment ses amis, mieux vaut leur éviter ces attentats à l'intimité. Une de mes chères copines à qui je proposais un jour de sortir à quatre eut le courage de me répondre téléphoniquement: «Franchement, nous ne sommes pas sortables ces temps-ci. Nous sommes en pleine crise. Je te rappellerai quand ça ira mieux, ou quand ce sera fini.» Six mois plus tard, nous déjeunions en filles pour qu'elle me raconte comment son ménage était reparti pour un tour. Sachant à quel point les hommes ont horreur des témoins de leurs tribulations conjugales, je lui ai été très reconnaissante de m'avoir laissée à l'écart du conflit. Nos possibilités de futures sorties à quatre en ont été sauvegardées.

Mais la plupart des gens n'ont pas cette franchise — il n'est pas facile d'admettre sa maladie conjugale vis-à-vis des tiers —, et vient le jour où le divorcé doit faire part lui-même de son divorce. Tout au moins aux étrangers, car, en famille, le téléphone maternel ou fraternel a généralement fonctionné, même à l'insu de l'intéressé. Cette annonce de la rupture est malcommode, car elle n'est réglementée par aucun savoir-vivre. On parlait il y a quelques années de cocktails de divorce qui se donnaient en Californie pour simplifier et dédramatiser les relations sociales. De telles pratiques sont loin d'être entrées dans les moeurs. Nous n'en sommes même pas à l'annonce dans le journal, ni même au petit mot griffonné pour donner son nouveau numéro de téléphone et sa nouvelle adresse. En l'absence de tout usage, chacun se pose des questions qui encouragent au mutisme plutôt qu'à la publicité. Faut-il prendre l'air triste ou gai? Doit-on l'annoncer systématiquement ou ne rien dire si on ne vous demande rien? Doit-on expliciter ou simplement informer? Une sorte de gêne persiste encore suffisamment dans le corps social vis-à-vis du divorce — même s'il ne s'agit plus de réprobation, comme jadis — pour qu'il ne soit aisé ni de délivrer ni d'enregistrer le message.

Un exemple: vous venez de divorcer, vous rencontrez quelqu'un qui, le plus naturellement du monde, vous pose la question: «Comment va votre mari?», faut-il répondre:

- «Très bien, merci, mais il n'est plus mon mari.» (Un peu désinvolte, laisse l'interlocuteur perplexe, doit-il féliciter, consoler, laisser tomber?)

- «Je crois qu'il va bien, mais cela fait plusieurs semaines que je ne l'ai pas vu.» (Pourquoi ne pas avoir le courage de prononcer le mot divorce ou séparation? De plus, puisqu'on a des nouvelles chaque semaine par les enfants, on n'ignore pas qu'il va très bien.)

- «Je n'ai plus de mari, nous sommes en instance de divorce.» (Inutilement désagréable pour l' «ex», et gênant pour l'interlocuteur qui a l'impression d'avoir fait une gaffe en retournant le couteau dans votre plaie.)

- «Je voulais justement vous téléphoner pour vous dire que nous ne vivions plus ensemble. Personne ne vous l'a dit?» (Rabaisse votre interlocuteur au rang de marginal sous-informé. Votre divorce n'est pas de notoriété publique. Plusieurs années après, on rencontre encore des gens qui ne savent rien, il faut ménager leur susceptibilité.)

- «Ah, mon pauvre ami, si vous saviez...» — suivi du récit complet de vos déboires conjugaux dont votre interlocuteur n'a cure. (À éviter absolument, il ne faut raconter ses petites histoires qu'aux gens qui s'y intéressent vraiment, il y en a si peu!)

Au téléphone, c'est pire encore. Combien de fois ne m'arrive-t-il pas de sentir la gêne d'un correspondant à qui je m'efforce de répondre le plus standardiquement possible: «Mon mari n'habite plus là, mais je peux vous communiquer son nouveau numéro de téléphone.» Ils s'excusent bien trop poliment pour que je ne perçoive pas dans leurs remerciements une nuance de condoléances.

Aujourd'hui, je peux sourire au souvenir de ces démêlés avec l'entourage; pourtant, je reconnais que dans les premiers temps de l'après-divorce, le moral n'est pas toujours au beau fixe. Tous les divorcés le disent: ils ont l'impression, au début, que le vide se fait autour d'eux. Ils se sentent comme tenus à l'écart de la vie relationnelle normale. Ah, ces dimanches où l'on voudrait tellement que n'importe qui vous appelle pour vous proposer n'importe quelle séance de cinéma à n'importe quelle heure! On retrouve une mentalité d'adolescent(e) regardant tomber la pluie à côté d'un téléphone qui ne sonne pas.

L'amitié en pièces détachées

En fait, nous vivons dans une société-arche de Noé où, passé vingt-cinq ans, la paire est l'unité de compte. Le célibataire, nombre impair, n'y a pas très bonne réputation, il perturbe les tables, les parties de cartes, les couples. C'est encore plus vrai des divorcés, vivants symboles de la fragilité de la vie à deux. On a beaucoup dit que les femmes mariées se méfiaient de leurs amies divorcées qui représentent pour leurs époux une tentation trop évidente. Je ne pense pas que cette méfiance soit aussi simpliste — les maris cavaleurs s'attaquent tout aussi volontiers aux dames mariées, moins disponibles et par conséquent moins «encombrantes» —, mais il n'empêche que les épouses craintives évitent de multiplier autour d'elles les preuves en chair et en charme du divorce-boom, de peur que la maladie ne soit contagieuse. Précaution bien inutile, mais réflexe compréhensible!

De plus, il est souvent malaisé de mener de front deux relations amicales avec des «ex» que l'on fréquentait auparavant de couple à couple. Il faudrait donc, lorsqu'un couple divorce, choisir son camp. Beaucoup de gens n'en ont guère envie; dans le doute, ils s'abstiennent et finissent, pour ne pas avoir à prendre parti, par distendre les liens qui les unissaient aux deux. En dehors des amis vraiment personnels et de longue date qui connaissent et apprécient un individu indépendamment de son couple, il arrive souvent qu'on éprouve du plaisir en compagnie d'un ménage sans se sentir particulièrement intime avec l'un ou l'autre conjoint séparément. Quand le couple se dissocie, les raisons de le fréquenter en pièces détachées ne s'imposent pas.

Plus délicat encore: l'un des deux «ex» a déjà reformé un couple avec un nouveau partenaire. Les amis du précédent mariage se trouvent alors en porte-à-faux avec ce «morceau rapporté», ils comparent forcément l'«ex» et l'actuel(le), se disputent parfois à ce sujet, ont l'impression de trahir le conjoint quitté — d'où un sentiment de malaise qui les éloigne provisoirement ou définitivement. Tout cela est compréhensible, l'amitié est chose bien trop rare et subtile pour se transférer automatiquement au nouveau locataire.

Je ne dispose pas par hasard d'autant d'arguments pour excuser les manquements à l'amitié dont souffrent les divorcés. Ces désillusions m'ont tellement étonnée/attristée, de la part de gens que j'aimais bien, que j'ai préféré leur trouver des raisons de me décevoir plutôt que de conserver des motifs de leur en vouloir.

Heureusement, si souvent les amis lâchent, la plupart des familles tiennent bon. La vraie famille d'origine, celle de Papa et Maman et des souvenirs d'enfance, celle pour qui on reste toujours un petit garçon ou une petite fille, même quand on a des chèques de paie et, plus tard, des cheveux gris. Celle qui ne veut pas juger mais aider.

Bien sûr, il existe encore des familles rigides qui stigmatisent le divorce, lui préférant l'adultère, et condamnent les hérétiques à l'excommunication familiale. On en trouve encore, mais il s'agit de vestiges d'une société moralisatrice et intransigeante aujourd'hui en voie d'extinction. D'ici une ou deux générations, les pères et mères justiciers n'auront plus cours, tant mieux. Parmi les divorcés que j'ai rencontrés, la frontière de l'âge décidait à l'évidence des relations post-divorce avec la famille. Au-dessous de quarante ans, les parents, les mères en particulier, répondent toujours présents afin d'aplanir au maximum les difficultés. Surtout quand il y a des enfants, ou plutôt des petits-enfants, il est admis maintenant que le rôle des grands-parents peut être extrêmement dédramatique et utile. Les grands-mères du divorce-boom n'ont pas la tâche facile, mais elles ont du pain sur la planche!

À cet égard, ce qui m'a semblé sans doute le plus nouveau dans les divorces de ces dernières années, c'est l'amorce d'une nouvelle relation avec les ex-belles-familles. Du temps des divorces-combats, la rupture avec le clan du conjoint se révélait inévitable. Il n'en est plus automatiquement de même aujourd'hui. Pourquoi rayerait-on de sa carte un neveu par alliance ou un beau-frère sympathique sous prétexte que l'on n'est plus le mari de la sœur de sa femme? Plusieurs de mes amies, qui comptent déjà un divorce parmi leurs jeunes ménages, conservent d'excellentes relations avec leurs ex-brus ou ex-gendres qu'elles continuent à voir et même à suivre dans leur nouveau couple. On sent que s'amorce là une nouvelle morale familiale qui rejoint celle des antiques tribus villageoises. Nous y reviendrons.

Honnêtement, il s'agit là de comportement d'avant-garde qui ne se manifestent encore que dans quelques milieux très évolués. Le consentement mutuel n'étant pas encore entré dans les têtes, il est plus fréquent que chaque famille rapatrie son blessé et... enlève un couvert au repas du dimanche. Le rôle du divorcé n'est pas toujours facile à tenir dans ces réunions traditionnelles. Catherine en fait presque chaque semaine l'expérience depuis qu'elle a retrouvé son statut de «célibataire» après deux ans d'un bien triste mariage: «Je suis le nombre impair autour de la table. Mes deux frères arrivent avec leurs femmes, c'est moi qui me suis mariée la première et aujourd'hui, à 30 ans, je suis la seule à être seule. Alors je fais le service, ça m'évite de trop penser...»

Oui, Catherine, sans doute n'est-ce pas facile d'être un nombre impair au milieu des autres appariés, mais c'est tellement mieux que d'être isolée! Enfants, famille, amis, copains, collègues, rencontres, contacts, aventures, liaisons: pour sortir de son deuil, on a tant besoin des autres! S'ils ne savent pas exactement sur quel pied danser avec vous, c'est peut-être que vous ne savez pas encore vous-même sur combien de temps vous avez envie de reprendre la valse. Il va falloir faire le point pour repartir, un peu branlante, un peu blessée, mais décidée à vivre votre vie.

Vient un jour, en effet, où on se secoue, où on se dit qu'on ne peut pas jouer éternellement du violon cafardeux, qu'il faut réagir, sortir, voir des gens, refaire ses premiers pas de convalescent(e), apprendre à être soi quand on n'est plus la moitié de quelqu'un d'autre.

IX

Les chemins du mieux-être

Nous avons parlé jusqu'à présent de divorce *normal* entre gens *normaux*, qui très *normalement* souffrent quand ils se déchirent, ont peur quand ils se séparent, font leur deuil d'un couple qu'ils croyaient bâti pour durer toujours; le plus *normalement* du monde aussi, au bout de quelques mois, ils commencent à apercevoir le bout du tunnel, à se sentir mieux, à retrouver aux petites comme aux grandes choses de la vie une saveur nouvelle et différente.

Tout commence par un ouf! de soulagement. Un mini-ouf! (il grandira de plus en plus par la suite) qui se glisse dans la tête à propos d'un détail de la vie quotidienne. Il prouve au convalescent que sa liberté/solitude peut avoir du bon.

Pour Éric, ce fut un ouf! de brosse à dents. Pendant quinze ans de mariage, tous les matins, sa brosse était posée sur le lavabo, préparée à son intention avec une dose exacte de dentifrice, ni trop ni trop peu. Quinze ans durant, il n'a jamais osé dire à sa si attentive/économe/méticuleuse épouse qu'il se sentait franchement assez grand pour faire sa toilette tout seul. Bien sûr, il a fallu des raisons plus lourdes pour faire déborder son verre à dents conjugal, mais, depuis qu'il a retrouvé une vie de grand garçon, Éric apprécie chaque matin son autonomie dentifrice.

Pour Brigitte, ce fut un ouf! financier. Elle avait un mari charmant et prodigue qui refusait d'admettre quelque rapport direct entre ce que l'on gagne et ce que l'on dépense. Pour qui les dettes contractées étaient un ennui, pas une obligation. Chaque relevé devenait un cauchemar pour Brigitte qui épongeait le débit avec son propre salaire. Désormais, elle peut ouvrir chaque jour sa boîte aux lettres sans se demander quelle tuile va lui tomber sur la tête.

Pour Marie-Laure, ce fut un ouf! de camembert. Sa fine gueule de mari ne supportait pas la moindre trace de blanc, ni le moindre arrière-goût alcalin quand elle lui servait son fromage quotidien. De nouveau, elle n'a pas divorcé pour un fromage, mais elle m'a avoué prendre un plaisir plus psychologique que gustatif à manger désormais avec sa fille de médiocres tranches de fromage à tartiner qu'elle peut acheter et servir sans se sentir remise en question.

Peut-être pensez-vous qu'il s'agit là de détails bien prosaïques, de satisfactions bien terre-à-terre, qui ne peuvent en aucun cas suffire à compenser la perte d'une vie de couple. Ne vous y trompez pas: c'est avec des centaines de petits riens de ce genre, mis bout à bout, jour après jour, que l'on retrouve la saveur d'exister. La vie conjugale est faite elle aussi, quand elle est harmonieuse, de ces gestes quotidiens appréciés en commun. Nous avons vu que la maladie conjugale empoisonne la source de ces joies simples.

À l'inverse, on commence à savoir que l'on se remet quand on se sent à nouveau capable de goûter ces menus plaisirs dont on avait oublié le charme.

Remettre en marche la machine à vivre

De plus, ces ouf! de détail traduisent toujours une libération plus fondamentale. Ils ne sont que les clignotants qui indiquent que la machine à vivre est en train de se remettre en marche. Pour en arriver à divorcer, il fallait que la panne soit grave, qu'elle ait vraiment bloqué le moteur de l'individu. Parfois, il suffit de se retrouver seul(e) pour commencer à se retrouver soi. Dans les trois exemples précédents, mes interlocuteurs ont bien voulu creuser un peu plus profond que la partie émergée de l'iceberg.

Si Éric détestait sa brosse à dents, c'est qu'il ne pouvait plus se regarder dans la glace. Depuis plusieurs années, il tremblait devant sa femme dominatrice et intéressée dont il avait le sentiment qu'elle se servait de lui comme d'un appareil ménager. Elle l'entretenait soigneusement en parfait état de marche pour être sûre qu'il lui fournirait les services demandés: salaire, statut social, confort, silence et fiabilité. Lui-même s'était peu à peu enferré dans son personnage de robot domestique, s'accordant de temps en temps, quand la pression montait trop, une bouffée d'air frais dans un séminaire d'entreprise ou une virée sportive avec des copains supporters. Tout aurait pu continuer ainsi jusqu'aux noces d'argent si Éric n'avait un jour frôlé l'infarctus pour surmenage. L'idée de la mort lui fit soudain prendre conscience de la situation et il se jura, s'il en réchappait, de ne plus tolérer sa relation conjugale surgelée. Après avoir vainement tenté de décongeler sa femme, il finit, c'est classique, par tomber amoureux d'une tendre collègue aux yeux bleus qui lui donna l'envie et le courage de se séparer. Depuis qu'il vit avec elle, Éric n'est pas tous les jours à la fête, ses enfants lui manquent, ainsi qu'une certaine vie de famille à laquelle il était très attaché, mais il se félicite chaque matin, en se brossant les dents, d'avoir choisi la tendresse et la dignité plutôt que la froideur et la lâcheté.

Brigitte a prononcé, elle aussi, le mot dignité. D'une drôle de façon, pas banale. Dans les histoires classiques, les femmes acceptent de l'argent en échange de leur corps — comme on dit dans les mauvais romans de gare. Prostitution commerciale et organisée, ou prostitution plus subtile des femmes entretenues, mariées ou non, qui trouvent normal que l'homme les fasse vivre, puisqu'elles le font jouir. Brigitte a vécu cinq ans l'inverse: elle acceptait de payer les dettes de son mari, elle fermait les yeux sur ses «indélicatesses», elle remboursait ses «emprunts» chroniques à des membres de la famille ou aux amis intimes, parce qu'il lui donnait du plaisir. Pire: plus elle se reprochait sa faiblesse, plus ils se disputaient pour des histoires d'argent, plus elle se sentait sexuellement dépendante de lui. Au fond d'elle-même, cette «perversité» la choquait. Elle qui avait été élevée dans une famille catholique, elle sentait ce que cette relation avait de «diabolique». Un jour, elle réalise qu'elle ne veut pas d'enfant de son mari, sans doute parce qu'elle a peur qu'il puisse ressembler à son père. Elle décide de réagir, de s'arracher à cet envoûtement sexuel. Ce ne fut pas sans mal, sans rechutes. Aujourd'hui encore, elle n'a pas retrouvé avec un autre homme les mêmes plaisirs qu'avec son mari. Elle aussi, en partant, a choisi la dignité.

Quant à Marie-Laure, son cas est tout à fait banal: elle avait affaire à un macho classique, une cari-

152

cature de mari comme oserait à peine en brosser un pamphlet féministe. Les pieds sous la table et le verbe haut, toujours prêt à grogner si la soupe n'est pas bonne. Marie-Laure se sentait devenir aigrie, grincheuse, frustrée. À trente ans, elle ne supportait pas l'idée de vivre jusqu'à la retraite cette vie sans gentillesse et sans fantaisie. Elle gagnait suffisamment sa vie pour choisir, elle aussi, la liberté.

Morale ou moralité

Je n'ai pas cité ces trois personnages par hasard. Tous trois se sont conformés, dans leur itinéraire conjugal, à une certaine moralité contemporaine que l'on peut tenir pour largement responsable du divorce-boum. Cette moralité individuelle n'a plus grand-chose à voir avec la morale collective des générations précédentes. La morale, grande organisatrice du bien et du mal, édictait qu'en tout état de cause le mariage était le bien et le divorce le mal. Celui qui restait fidèle au lien conjugal avait donc la conscience en paix vis-à-vis de cette morale-là. Même s'il lui fallait accepter des compromissions pas très honorables ou supporter de graves frustrations pour y parvenir. La moralité d'aujourd'hui se veut infiniment moins manichéenne, mais non moins exigeante. Elle ne considère plus le mariage comme une fin en soi, mais comme un moyen permettant à chacun de mieux accomplir sa destinée humaine. Le couple, dans cette nouvelle éthique, doit représenter une source d'équilibre et un lieu d'épanouissement. Si, au lieu de jouer ce rôle positif dans la vie de chaque conjoint, il engendre des conflits, multiplie les occasions d'angoisse et de frustration, met en danger l'équilibre psychique et physique des partenaires, la moralité actuelle suggère qu'il vaut mieux y mettre fin. Soit pour se rééquilibrer dans la solitude, soit pour tenter une autre expérience de couple plus enrichissante, plus harmonieuse, plus génératrice de «bien».

C'est cette alternative fondamentale entre la priorité au mariage d'autrefois et la primauté à l'épanouissement individuel des générations actuelles qui détermine la faculté d'un divorcé à se remettre. Plus il reste attaché à la notion de couple un et indivisible, plus il aura de mal à se reconstruire. Plus il se persuade qu'il n'a qu'une vie, la sienne, et qu'il doit tout tenter pour l'accomplir le mieux possible, contre vents et marées, mieux il pourra mettre à profit la crise du divorce pour prendre un nouveau départ.

Un divorce est forcément une période de grand changement. Il ne suffit pas, en effet, de reprendre goût peu à peu aux mêmes choses qu'avant, il faut aussi se redéfinir en tant que «je», cesser de se conformer au «nous», découvrir des aspirations, des désirs, des plaisirs longtemps oblitérés par la vie de couple, lever des interdits dont on n'avait même plus conscience tant ils faisaient partie de cette «seconde nature» enracinée dans la vie commune. Combien de femmes retrouvent, après un divorce, les inclinations culturelles ou les enthousiasmes associatifs de leur adolescence, qu'elles avaient totalement abandonnés pour se mettre «au service» d'un mari dominateur? Combien d'hommes découvrent avec leurs enfants, bien qu'ils les voient moins souvent, des relations spontanées et chaleureuses, hors la présence d'une mère captatrice qui les confinait dans le rôle du père-à-qui-on-va-le-dire-ce-soir-quant-il-rentrera ou ne-faites-pas-de-bruit-votre-père-est-fatigué? Pour trouver le chemin du mieux-être, il convient d'abord de redécouvrir ses désirs, puis de réinventer ses habitudes, enfin de remettre en question son style de vie tout entier. Si on ne s'astreint pas à ce recyclage, le risque est grand de rester enterré(e) dans le passé au lieu de profiter du présent et de laisser ses chances à l'avenir.

Le complexe de la divorcée joyeuse

Pour se remettre vraiment à profiter de l'instant, à faire des projets, il faut aussi se libérer d'un complexe: celui de la divorcée joyeuse. Au début de la séparation, en effet, on a un peu honte de se sentir soulagée. On a tellement entendu dire que le divorce était un échec qu'il semble un peu inconvenant d'en éprouver une sorte de mieux-être. Le personnage de femme abandonnée, de mère victime — ou celui de père héroïque ou de mari bafoué — vous vaut la considération des professeurs des enfants, la sympathie pas du tout voilée des commerçants du quartier. Socialement, il est plus aisé de se faire plaindre que de s'affirmer libéré(e). Comme me le faisait remarquer un pharmacien remarié: «Toute ma famille et ma clientèle ont accepté mon divorce parce que j'étais notoirement cocu.»

Un autre exemple: Corinne avait dans son immeuble une très gentille voisine, mère de famille nombreuse. Une de ces femmes hyperactives qui n'ont jamais l'air débordées par leur horde et qui recueillent toujours, en plus, les enfants des autres étages pour venir en aide aux moins solides qu'elles. Quand le mari de Corinne a «déménagé», sa voisine s'est montrée fantastique: elle ramenait sa fille de l'école, l'emmenait en pique-nique le dimanche. À plusieurs reprises, le samedi soir, elle ajouta deux couverts pour les esseulées. Les «pauvre petite» pleins de commisération de la voisine convenaient très bien à Corinne en plein «deuil». Quand, six mois plus tard, Corinne fut invitée un samedi soir au cinéma par un collègue de travail, elle demanda tout naturellement à la bonne-dame-du-dessus de tendre une oreille attentive pour être sûre que tout se passerait calmement pendant son absence. Ce système de garde-à-l'ouïe ne fonctionna qu'une seule fois: la voisine lui fit comprendre qu'elle n'était pas chargée d'assurer sa tranquillité d'esprit pendant qu'elle sortait *accompagnée*, dans un style de soirée peu convenable pour une mère de famille!

Démodées, des réflexions de ce genre? Pas tant que ça. Les divorcées joyeuses n'ont les coudées franches que dans certains milieux. Ailleurs, elles font encore jaser. Plus même que les adolescentes libérées. Celles-ci ne fréquentent que des jeunes gens de leur âge, tandis que les divorcées sont des voleuses de maris potentielles — nous l'avons déjà noté à propos des relations sociales. De plus, elles devraient mener des vies monacales pour ne pas donner le «mauvais exemple» à leurs enfants.

Sur ce point, soyez rassurés, braves gens: les divorcés n'ont pas besoin de vos conseils pour veiller sur leur vertu à domicile. Il leur suffit de leurs scrupules et du regard sans concession de leur progéniture!

La difficile vie sexuelle des parents gardiens

Constatation unanime: les parents gardiens — les pères qui ont la garde se montrent aussi attentifs, si ce n'est plus que les mères, sur ce point — n'ont vraiment pas une vie sexuelle simplifiée à domicile! Surtout quand les enfants ne sont plus assez petits pour ne rien comprendre, ni assez grands pour tout comprendre. Un laps de temps terriblement long, puisqu'il s'étend de 5/6 ans à 15/16 ans. Pendant ces dix ans-là, quand ils se trouvent vivre seuls avec un de leurs deux parents, les enfants ont une fâcheuse tendance à le considérer comme leur possession exclusive. Ils imagineraient volontiers que leur présence suffit à combler la vie affective du parent gardien. Presque tous, par exemple, tentent d'aller dormir à la place laissée vacante dans le grand lit — demande à laquelle tous les psychologues supplient de résister, pour ne pas engendrer des situations névrotiques presque irrémédiables. La jalousie dont font preuve les enfants de divorcés, surtout dans les cas d'enfant unique, n'a d'égale que la mauvaise conscience qui taraude leur parent gardien.

Une de mes amies journalistes m'a raconté que pendant près d'un an elle est rentrée chaque soir du bureau faire le dîner de ses deux pré-adolescents, comme si de rien n'était. Elle poussait les scrupules maternels jusqu'à regarder le film à la télé avec eux s'ils le désiraient. Quand ils allaient — enfin! — se coucher, elle sortait pour retrouver le deuxième amour de sa vie, avec qui elle redînait sans oser, les premiers temps, lui avouer qu'elle avait déjà mangé. Il lui trouvait un appétit d'oiseau! Vers cinq heures du matin, elle se levait, quittait le lit tout chaud en essayant de ne pas réveiller l'homme, rentrait chez elle pour avoir le temps de se mettre en robe de chambre et de préparer le petit déjeuner des collégiens qu'elle réveillait alors, mine de rien. Elle ne voulait à aucun prix mélanger les deux moitiés de sa vie de femme divorcée à titre provisoire. Ce n'est que le jour où elle fut convaincue qu'elle était repartie pour un grand tour de vie commune qu'elle osa introduire officiellement chez elle l'homme de son deuxième vrai couple.

Cette réserve n'a rien d'exceptionnel de la part d'un parent gardien. Je connais également un père gardien, joli garçon et coureur de jupons: il ne s'autorise des soirées à domicile que pendant les vacances de Noël et en juillet, quand les enfants sont avec leur mère. Très rares sont les parents qui assument ouvertement leurs passades devant leurs enfants. La plupart gardent secrètes leurs expériences sexuelles pour ne pas heurter les sensibilités enfantines. Également pour esquiver les redoutables vérités qui sortent de la bouche de ces affreux jojos!

Les parents ont raison de se méfier. Les gosses sont prêts à tout pour éloigner les rôdeurs. La mère d'Anatole, neuf ans, en a fait l'expérience à ses dépens le jour où elle a annoncé qu'ils partiraient en vacances à trois, cette année, avec Paul. Paul était présent à l'entretien, pour tout arranger. Et Anatole de rétorquer: «Écoute, on n'a plus Papa pour nous empêcher de rigoler tous les deux ensemble, on ne va quand même pas en emmener un, encore moins marrant que lui!» Paul a commis l'erreur de se vexer, les projets de vacances ont été révisés, le nombre des participants limité à deux. Anatole a gagné, sa mère ne tenait pas suffisamment à son monsieur pour éclater de rire et passer outre à l'opinion de son fils.

Cette peur des ostracismes enfantins permet de bien jauger les sentiments réels des parents. La plupart admettent qu'ils gardent par devers eux leurs liaisons sans importance, ou celles dont ils ne sont pas suffisamment fiers pour affronter le jugement du groupe familial. Tant qu'ils redoutent que les enfants aient raison en disant la vérité à leur propos, ils les tiennent à l'écart. En revanche, quand les choses deviennent plus sérieuses et plus durables, les parents se sentent généralement prêts à affronter leurs remarques et à rectifier leurs impressions avec des arguments suffisamment solides. Ce jour-là, d'ailleurs, il y a en général peu de gaffes de la part des enfants: ils sentent fort bien que leur père ou leur mère est heureux, et qu'ils ont eux-mêmes tout intérêt à ce que ça dure.

Le temps de récupération

Qui se remet le plus vite d'un divorce, un homme ou une femme? Dans l'ensemble, les réactions individuelles post-divorce me sont apparues d'une étonnante mixité. Ce sont les circonstances plutôt que l'appartenance à l'un ou l'autre sexe qui déterminent la capacité à surmonter le plus rapidement possible la rupture du lien conjugal. Nous avons vu que 10% environ des «ex» se considèrent comme définitivement traumatisés, marqués, déséquilibrés par la rupture de leur couple. Pour les 90% qui surnagent, refont surface et repartent dans le sens du courant, on peut noter ces quelques particularités, au demeurant assez logiques:

• *Les quittants se remettent plus vite que les quittés.* Normal: on assume d'autant plus facilement une décision dont on se sent l'acteur responsable, même si l'on n'en a pas mesuré toutes les conséquences au moment de la prendre de façon définitive. À l'inverse, vous assimilez plus lentement un changement qui vous est imposé par les circonstances ou par un conjoint qui vous manque.

• *Les amoureux récupèrent plus facilement que les coeurs solitaires.* Si on divorce *pour quelqu'un,* on n'échappe pas complètement au stress de la séparation, mais le temps de récupération est beaucoup plus rapide. Néanmoins, les amours/prétextes à divorce ne sont pas toujours d'une solidité remarquable. J'ai noté plusieurs cas où il ne s'agissait que d'attachements/relais, de transitions. Ils n'ont pas résisté au «deuil» du divorçant. Il faut être très solidement arrimé à un(e) divorçant(e) pour traverser en sa compagnie, sans couler, la tempête de son après-divorce.

• *Le parent gardien retrouve plus difficilement son équilibre de vie que le parent non gardien.* Les

difficultés matérielles se révèlent infiniment plus pré-
occupantes pour celui qui doit assurer la vie matérielle et affective des enfants, même s'il y a versement
d'une pension alimentaire. Les soucis d'argent,
ajoutés au bouleversement affectif, rendent le retour
à la normale moins évident. Rappelons que dans
plus de 80% des cas, il s'agit là de femmes.

• *Les «sans enfants» oublient plus systématiquement que les parents.* Évident: si un homme et
une femme n'étaient pas heureux ensemble et
n'avaient pas d'enfants, leur divorce leur apparaît
presque toujours comme une libération. Sauf dans
les cas, assez dramatiques, de femmes vieillissantes
qui se retrouvent *totalement seules*, sans aucun
soutien moral, et dont le conjoint était inconsciemment l'enfant. Parmi elles se recrutent une
grande proportion des «désespérées».

• *Les actifs se rétablissent mieux que les inactifs.*
Ce qui ne s'explique pas seulement par le fait que les
revenus des actifs leur permettent de faire face aux
charges matérielles des foyers séparés. Le milieu professionnel joue un rôle psychologique important
dans la restauration de l'équilibre personnel. Quand
la vie privée vole en éclats, la stabilité relationnelle
sur le lieu de travail revêt une importance considérable. Chaque jour, marié(e) ou non, vous pouvez
côtoyer des gens qui vous connaissent tout à fait
indépendamment de votre vie de couple. Vous restez
à leurs yeux la même personne. C'est un facteur
décisif pour la stabilité du divorçant.

Une exception à cette règle du travail «équili-
brant»: le cas compliqué des femmes inactives qui
doivent se remettre à travailler au moment de leur
divorce. Dans un premier temps, la reprise d'activité
professionnelle ajoute un stress supplémentaire, difficile à cumuler avec le bouleversement d'habitudes
qu'entraîne le divorce lui-même. Il faut tout à la fois

reconstruire sa vie personnelle, réorganiser sa vie matérielle pour libérer les heures de travail à l'extérieur, et se réinsérer dans le monde du travail. Cette triple réadaptation en période de fragilité affective se révèle parfois au-dessus des forces de celles qui y sont soumises. Dans la mesure du possible, il faudrait qu'elles prennent conscience des dangers qui menacent leur couple dès le début de la maladie conjugale, ce qui leur permettrait d'avoir déjà opéré leur réinsertion professionnelle au moment de la rupture. J'ai rencontré plusieurs jeunes femmes dans ce cas, elles avaient repris le collier avant même d'ôter leur alliance.

• *L'âge n'a rien à voir avec le temps de récupération*. *A priori*, on pourrait penser que l'insouciance de la jeunesse, les plus nombreuses possibilités de rencontres avec des partenaires «libres» du même âge, faciliteraient la remise d'aplomb. Pourtant, au cours de mon enquête, cette relation directe âge/consolation ne m'est pas apparue comme évidente. Peut-être les chagrins d'amour sont-ils plus longs à cicatriser quand la période de l'amour fou est plus récente. Plus entiers dans leurs enthousiasmes et leurs désillusions, les jeunes m'ont semblé également plus dépendants de l'autre pour se sentir exister. Peut-être leur manque-t-il, pour réagir face à l'adversité, une certaine maturité. Cette sorte de maturité qui relativise les événements, les intègre dans une expérience de la vie faite de tournants plus ou moins réussis, d'affections diversifiées, d'activités multiples. L'amour tenant une place primordiale dans le projet existentiel des jeunes, ils souffrent sans doute plus intensément de leur désillusion quand leur couple vient à se casser.

• *Le niveau d'instruction et le milieu social ont peu d'influence sur la capacité à refaire surface*. J'ai rencontré un professeur d'université en lambeaux et

un garagiste glorieux, un chef d'entreprise clai-
ronnant et une vendeuse de grand magasin au bord
du suicide. Impossible d'établir le moindre lien entre
les diplômes d'une part, l'optimisme et la volonté de
revivre d'autre part. Un auteur américain affirme
que plus les hommes sont instruits, plus ils ont de
chance d'assumer leur divorce, et précise qu'il n'en
serait pas de même pour les femmes[1]: je lui laisse
l'entière responsabilité de cette affirmation que rien
ne me permet de confirmer ni d'infirmer. Il est
prouvé que l'on divorce plus quand on est instruit,
mais rien ne prouve que l'on divorce mieux.

Tout ceci est aussi valable pour les hommes que
pour les femmes. Puisque les rôles masculins et
féminins tendent à s'identifier de plus en plus, il
semble logique que les comportements se rapprochent. Restent néanmoins quelques différences dans
leurs réactions.

Différences entre hommes et femmes

Contrairement à ce qui se dit et à ce que l'on croit,
les femmes se sortent psychologiquement mieux du
divorce que les hommes. Les statistiques des
hôpitaux psychiatriques en France en ont fait la
démonstration[2]. Alors que les femmes mariées souffrent deux fois plus souvent de dépression nerveuse
que les hommes, les femmes seules, célibataires,
divorcées ou veuves, n'en sont pas plus atteintes que
les hommes. À l'inverse, les hommes mariés ont des
dépressions moins fréquentes que les célibataires et
les divorcés.

De même, une récente enquête de deux sociologues américains a clairement démontré que même
chez les couples du deuxième âge et demi, les femmes

se remettent mieux que les hommes des suites d'un divorce[3]. Ils ont longuement interrogé les «ex», hommes et femmes, de quarante-trois couples de divorcés entre quarante et soixante ans, dont la plupart étaient restés mariés près de 25 ans et qui avaient tous au moins un enfant, la moyenne des familles étant de trois enfants (il s'agit des parents de la génération du baby-boom; dans quelques années, ces divorces tardifs concerneront une population d'adolescents beaucoup moins importante). Leurs conclusions sont les suivantes:

«Nous avons découvert que les femmes étaient plus conscientes que les hommes des dangers qui menaçaient leur couple. La plupart se doutaient depuis une dizaine d'années que leur mariage ne durerait pas toute leur vie. Alors que les hommes n'avaient pris conscience des problèmes que depuis trois ans au maximum. De ce fait, la plupart des femmes avaient commencé à faire leur deuil bien avant la séparation effective, tandis que les hommes, surpris par l'événement, ont beaucoup souffert en se retrouvant seuls. Le plus grave pour les hommes, c'est qu'ils avouaient avoir négligé les rapports avec leurs enfants adolescents ou adultes et ne s'être rendu compte qu'au moment de la séparation du vide affectif énorme dans lequel ils se retrouvaient. Les femmes, au contraire, avaient su conserver des liens beaucoup plus serrés avec leurs enfants qui leur apportaient réconfort et tendresse au moment où elles se retrouvaient seules. 99% des mères divorcées ont déclaré que leurs relations avec leurs enfants étaient soit inchangées, soit améliorées. 58% seulement des hommes étaient dans ce cas. Un père résuma tristement cette situation en déclarant: «Juste au moment où je me sentais prêt à me rapprocher de ma famille, je me suis aperçu que je n'en avais pas.»

Ces conclusions peuvent paraître surprenantes, puisque l'on décrit généralement les quadragénaires ou quinquagénaires mâles comme beaucoup plus aptes à refaire leur vie que leurs compagnes déjà fanées. Peut-être faut-il commencer à réviser ces stéréotypes d'un autre âge, qui datent d'un temps où les femmes étaient entièrement dépendantes de leur statut conjugal pour assurer leur équilibre personnel. Aujourd'hui, pour beaucoup de femmes, les choses ont changé: elles continuent d'être quelqu'un même quand elles ne sont plus l'épouse de quelqu'un.

Pourquoi les femmes surmontent mieux

J'ai tenté de trouver des explications à cette meilleure capacité des femmes à surmonter leur divorce, et j'en ai trouvé trois:

• *Première explication: les femmes se débrouillent mieux avec les problèmes de la vie quotidienne.* Les hommes ne savent pas se recréer un cadre de vie personnelle et agréable quand ils se retrouvent seuls. Je me souviens d'une charmante conversation entre un père du dimanche et son petit garçon de sept ou huit ans, où au casse-croûte je descends manger un sandwich.

— À deux heures, nous irons au cinéma, il y a un festival de *Panthère rose*.

— Chouette, et après?

— Après, on ira chez moi et tu m'aideras à laver la vaisselle.

— Pourquoi, tu n'as toujours pas fait le ménage? Franchement, Papa, t'exagères, tu m'avais promis de tout nettoyer la semaine dernière. Tu n'es pas raisonnable, si maman voyait ton appartement...

Il est certes grisant, dans un premier temps de liberté, de prendre son petit déjeuner au restaurant et de se faire inviter à dîner chez les copains de bonne volonté, mais il vient toujours un moment où l'on voudrait rentrer chez soi. Les femmes savent mieux que les hommes garder ou refaire leur chez elle.

● *Deuxième explication: les hommes sont plus pudiques que les femmes: ils ne savent pas ou ne veulent pas se raconter.* L'amitié entre femmes joue un rôle très bénéfique pour les divorcées convalescentes. Elle permet de se raconter et, en se racontant, de réécrire peu à peu l'histoire de la rupture, de mieux comprendre ce qui s'est passé, de répartir peut-être plus justement les responsabilités. Cette psychothérapie amicale fait tout à fait défaut à beaucoup d'hommes: on leur a tellement appris, quand ils étaient petits, que les garçons ne doivent pas se plaindre ni pleurer, qu'ils sont grands et forts, que beaucoup hésitent à exprimer leurs chagrins ou leurs désillusions. De plus, et ceci serait plutôt à leur honneur, ils restent plus discrets dans la médisance: ils n'aiment pas dire du mal d'une femme qui a partagé leur vie. Ils auraient l'impression de se dévaluer eux-mêmes en la dépréciant aux yeux des autres hommes.

Ces handicaps — silence, difficulté à se libérer par la parole — sont soulignés par tous les psychothérapeutes et les conseillers conjugaux. Tous constatent qu'ils comptent une très large majorité de femmes parmi leur clientèle: les hommes n'ont recours à l'aide psychologique qu'en dernière extrémité, quand ils sentent vraiment qu'ils sont au bout du rouleau.

● *Troisième explication: les hommes restent plus attachés aux femmes qu'ils ont aimées.* Cette particularité m'avait frappée au cours d'une enquête sur les hommes[4]. Plusieurs divorcés que j'ai rencontrés m'ont expliqué qu'ils ne se sentaient pas complètement «étrangers» à leur première femme, même quand ils avaient refait leur vie. Les uns attribuaient cette mémoire persistante à l'importance qu'avait eue dans leur jeunesse leur premier véritable engagement amoureux. Les autres insistaient sur un sens de la responsabilité qui, à l'occasion d'un divorce, se muait en culpabilité. Petits garçons, on leur a inculqué une image de l'homme *leader* dans le couple: l'homme qui demande en mariage, l'homme qui fonde un foyer, l'homme qui assure la subsistance de sa famille, l'homme qui protège et veille sur la sécurité des siens — image qui, dans la mémoire historique du sexe masculin, remonte à l'âge des cavernes. Même si la formation de leur couple et leur aventure conjugale n'ont pas respecté ce schéma d'Épinal, il leur en reste des stigmates affectifs. L'un d'eux s'est exclamé: «Les femmes sont extraordinaires! Elles sont capables de rayer totalement de leur vie un amour qui les a déçues. Moi pas. Je reste concerné par tout ce qui arrive à ma première femme. Quand elle a des difficultés, quand elle est triste, j'en veux à ceux qui la font souffrir. À moi tout le premier. Quoi qu'elle fasse, elle restera toujours une femme que j'ai beaucoup aimée. Comment pourrais-je l'oublier totalement?»

Cet attachement plus grand des hommes à leur passé, cette volonté dont ils font preuve, plus souvent que les femmes, de ne pas rompre totalement avec leur couple brisé, ressortent également d'une enquête d'opinion menée auprès de divorcés français. À la question: «Pensez-vous qu'il vaille mieux pour les enfants que ni vous ni eux ne revoient jamais votre ex-conjoint?», deux hommes sur dix seulement se déclaraient de cet avis, alors que près de quatre femmes sur dix étaient prêtes à tirer un trait définitif sur le père de leurs enfants[5].

Honte aux femmes sur ce point précis! Si elles veulent préserver l'équilibre futur de leurs enfants, elles doivent se montrer moins rancunières, ne pas confondre l'oubli avec le reniement. De plus, cette *normalisation* des relations avec l'«ex» leur permettra de se refaire une santé morale. En effet, on ne peut se considérer comme tout à fait remis(e) d'un divorce que du jour où, en son for intérieur, on ne veut plus de mal à son ex-conjoint, où on peut lui adresser la parole sans rancoeur et sans culpabilité, où on le voit tel qu'il est: ni pire ni meilleur. Ce jour-là, on peut se considérer comme tout à fait en état de marche. On peut même s'offrir le luxe d'une certaine tendresse en se souvenant des bons moments autrefois partagés.

Alors, parce que la machine humaine a des ressources étonnantes, parce qu'en dépit de ce qu'en a dit le poète nos coeurs se lassent de tout sauf de l'espérance, on commence à se persuader qu'une expérience ratée ne prouve rien, et qu'on peut même essayer... de faire mieux la prochaine fois!

X

Les couples de la deuxième chance

Un(e) divorçant(e) sur trois sait précisément pourquoi il/elle a refusé de se réconcilier: quelqu'un l'attend: un homme ou une femme avec qui elle/il a l'intention de bâtir un couple de la deuxième chance.

Les deux tiers des «ex» ne savent donc pas encore, au moment du divorce, s'ils rencontreront un jour un nouveau partenaire de longue durée, s'ils désireront tenter une nouvelle expérience de vie commune, s'ils se remarieront, s'ils redivorceront un jour, s'ils préféreront préserver leur chère liberté ou s'ils regretteront de finir, malgré eux, leur vie en solitaire.

Les statistiques ne permettent pas de les éclairer avec précision sur leurs probabilités d'avenir. Les pauvres démographes ont bien du mal, depuis quelques années, à répertorier, classer, informatiser cette population mouvante qui, de séparés de fait en remariés classiques, vit dans des situations de couple aussi mouvantes que variées. Ils viennent tout juste

d'intégrer dans leurs courbes les cohabitants juvéniles, ils n'ont pas encore enregistré dans leurs
nomenclatures les couples stables qui n'habitent pas
ensemble, ou les couples qui vivent sous le même toit
de façon provisoire, ni les cohabitants, de plus en
plus nombreux, qui n'ont strictement plus rien de
juvéniles mais ne se déclarent pas «concubins» pour
diverses raisons. Les divorcés appartiennent souvent
à l'une de ces catégories inclassables.

Les hommes préfèrent les jeunes

Jusqu'en 1970, les choses étaient relativement
claires en matière de remariage: un peu plus de trois
divorcés sur cinq couraient une seconde fois se
mettre l'alliance au doigt. Je dis bien *couraient*: en
effet, les remariages intervenaient presque toujours
dans les trois ou quatre ans suivant un divorce[1].
En France, par exemple, plus de la moitié des
deuxièmes unions, entre 1960 et 1969, ont été célé-
brées dans les deux ans et demi suivant le jugement
de divorce.

Cette précipitation s'explique aisément: dans une
société où le couple légalement marié servait de
norme de référence, les divorcés avaient hâte de se
retrouver dans une situation conjugale conforme,
plus confortable. En outre, les femmes savaient que
plus le temps passait, plus leurs chances de se
remarier s'amenuisaient, le «marché» masculin se
rétrécissant plus rapidement avec l'âge et la concur-
rence des jeunes femmes se faisant pressante. En fait,
non seulement les hommes avaient un peu plus de
chances de se remarier que les femmes, mais, de surcroît, ils profitaient très souvent de leur changement
d'épouse pour choisir une partenaire plus jeune que
la précédente. En 1978, parmi les remariages entre

divorcés, quand l'homme avait entre 45 et 54 ans, dans près de la moitié des cas la nouvelle épouse avait dix ans de moins que son mari, voire davantage. Plus fort encore: quand ces quasi-quinqua convolent avec des jeunes femmes célibataires, 35% d'entre eux environ les préfèrent carrément de vingt ans leurs cadettes. Vous me direz qu'on peut tout faire dire à des statistiques puisque, à l'évidence, les jeunes femmes célibataires ont rarement plus de trente ans, quel que soit l'âge de celui qui les épouse...

Comme la nature a horreur du vide et les femmes de la solitude, pour remédier à cette mainmise des jeunes femmes sur les hommes grisonnants, beaucoup de divorcées se tournaient elles aussi, très normalement, vers les deuxièmes conjoints plus jeunes qu'elles. En Angleterre, les unions où l'épouse est nettement plus âgée que son nouveau conjoint sont plus fréquentes dans les cas de remariages que dans les premiers mariages. Là aussi, les rôles masculins et féminins se sont rapprochés. Le charme de la maturité, la fascination de l'expérience humaine et de la réussite professionnelle, l'auréole parento-protectrice qui rassure certains jeunes en quête de sécurité et de tendresse, ne jouent plus seulement au bénéfice des hommes...

Enfin, on sait également que les divorcés avaient plutôt tendance à se remarier entre eux. Aux États-Unis, bien qu'un homme divorcé puisse choisir une «fiancée» dans une population de célibataires, veuves ou divorcées parmi laquelle ces dernières ne représentent que le cinquième du groupe, on a calculé que plus de la moitié des hommes divorcés épousaient des divorcées.

Même chose pour les femmes. Elles aussi choisissaient plus volontiers un ancien combattant du mariage pour leur seconde tentative conjugale. Ce qui explique que, très souvent, dans les foyers des remariés, l'un au moins des conjoints avait la garde d'un ou plusieurs enfants d'un premier lit — plus généralement la femme. On a ainsi pu démontrer que, dans trois pays au moins — la France, l'Angleterre et les États-Unis —, les mères divorcées avec un ou deux enfants avaient autant de chances de fonder un deuxième foyer que les divorcées sans enfants. À partir de trois enfants, les remariages étaient beaucoup moins fréquents: d'une part, on peut supposer que les prétendants éventuels hésitaient davantage à se charger d'une famille nombreuse; d'autre part, les mères de famille nombreuse divorçaient en général plus tardivement que les autres.

Le remariage-boom se tasse

J'ai mis toutes ces constatations à l'imparfait, parce qu'à partir des années 70, en même temps que le divorce-boom explose, le remariage-boom se tasse. Louis Roussel l'affirme après avoir comparé la situation dans neuf pays; partout le phénomène est le même[2]: «Les statistiques montrent que la probabilité d'un remariage a nettement baissé depuis 1970 pour les hommes comme pour les femmes, en Europe de l'Ouest comme en Amérique du Nord. La poussée des remariages de divorcés — qui représentent désormais de 15 à 21% de l'ensemble des mariages annuels dans ces mêmes pays — s'est produite en dépit d'une forte baisse de la probabilité pour un divorcé de se remarier, et n'est imputable qu'à l'augmentation du nombre des remariages. La fréquence relative des remariages a baissé.» Que s'est-il donc passé?

En bonne logique, la majorité des divorces concernant désormais des hommes et des femmes de moins de 35 ans, on aurait dû assister au contraire à une éclosion de secondes noces. Les jeunes ont une raison plus évidente que les moins jeunes de convoler: le désir d'avoir un enfant et de le faire naître dans un foyer légitime. Seulement voilà: les jeunes divorcés ont conservé les idées et les modes de vie de leur génération. Cohabitants avant de se marier, beaucoup le redeviennent après l'échec de leur première expérience conjugale, et de façon encore plus systématique et prolongée. Ce mariage, auquel ils ne croyaient déjà plus en tant qu'institution quand ils étaient célibataires, les tente encore moins une fois qu'ils en ont personnellement mesuré les limites et les inconvénients.

Certains jurent même qu'on ne les y prendra plus: «Je me suis marié une première fois pour faire plaisir à mes parents et à ma compagne. Elle voulait une robe blanche, je n'avais pas de raison majeure de la lui refuser. Non seulement le mariage lui-même ne m'a rien apporté, mais je me demande parfois dans quelle mesure nous n'aurions pas mieux vécu notre relation si nous avions continué à vivre ensemble comme par le passé, sans être mariés. J'ai personnellement très mal supporté ce côté Papa/Maman/Popote. Depuis mon divorce, je vis avec une fille que j'aime beaucoup, peut-être passerons-nous toute notre vie ensemble, qui sait? Mais l'idée de me remarier suffirait à me faire fuir. Elle le sait et n'en parle jamais.»

Résultat: de plus en plus de divorcés vivent en couples sans envisager de régulariser leur union. On perd leur trace statistique. J'ai dit au début de ce livre qu'il existe de plus en plus de «divorcés sans mariage»; on compte également de plus en plus de «remariés sans mariage». Avec ou sans enfants d'un premier lit, avec ou sans enfants de leur union actuelle, ils répondent aux mêmes motivations,

partagent les mêmes joies, éprouvent les mêmes difficultés et courent exactement les mêmes risques que
les remariés qui ont dit oui officiellement.

Retrouver une relation au long cours

Bien que l'union libre progresse très vite, il reste
néanmoins beaucoup de divorcés qui s'infiltrent
dans la population des couples classiques quand ils
épousent des jeunes femmes célibataires dont c'est le
premier *vrai* mariage. Ne voulant pas frustrer sa
fiancée de son droit à la fête conjugale, le divorcé se
prête volontiers à une deuxième cérémonie traditionnelle — mise à part l'église.

S'il est une preuve que les êtres humains sont faits
pour vivre en couple, on peut la trouver dans cette
extraordinaire propension des divorcés à se remettre
en situation de vie commune.

En fait, j'ai rencontré au cours de mon enquête
très peu de divorcés guéris et solitaires par choix.
Certains refusent de recommencer parce qu'ils n'arrivent pas à se remettre vraiment de leur désastre
précédent, d'autres craignent de perturber la vie de
leurs enfants et se complaisent assez volontiers dans
ce rôle de pélican, d'autres enfin savourent la vengeance qui consiste à peser de toute leur solitude sur
les épaules et les revenus de leur «ex», sans compter
ceux qui prennent goût au papillonnage affectif et
sexuel, redoutant de se fixer à nouveau dans une
relation unique et suivie. Cependant, toutes ces
motivations mises bout à bout ne représentent pas
grand monde. Quand ils sont hétérosexuels, la
grande majorité des «ex» désirent retrouver une
relation au long cours avec une personne du sexe
opposé[3].

Loin de les désenchanter, leur maladie conjugale a souvent attisé leur désir de vivre et d'aimer en couple. Comme le divorce-boom accroît chaque année le nombre d'hommes et de femmes en quête d'un nouveau partenaire, leurs deuxièmes chances d'y parvenir ne cessent d'augmenter.

Plus satisfaits que la première fois

En général, les couples de la deuxième chance se déclarent plus satisfaits de leur équilibre que ceux de la première tentative. Impossible d'avancer des données précises sur un concept aussi flou que le bonheur à deux; cependant, mes observations rejoignent les conclusions d'un livre publié aux États-Unis sur le «deuxième mariage»[4]. L'auteur, qui a interrogé des conseillers conjugaux, des «psy» et des couples remariés, a constaté que, dans la majorité des cas, le deuxième mariage est considéré comme plus satisfaisant que le premier. Elle explique ce taux de satisfaction par la faculté des reconjoints à tirer les leçons de leur premier échec, aussi bien pour le choix du nouveau partenaire que dans leur propre comportement relationnel. Elle précise:

«Un des nombreux mythes qui ont cours en matière de remariage veut que les individus recherchent toujours le même style de partenaire, rééditant les mêmes erreurs la deuxième fois à cause de leur structure psychologique particulière... Je n'ai rien trouvé qui me permette de confirmer cette théorie. Beaucoup de gens m'ont fait remarquer qu'ils avaient eux-mêmes tellement changé qu'il leur aurait été impossible de commettre la même erreur. Pas un seul de mes interviewés ne m'a dit avoir épousé en secondes noces un individu identique à son premier conjoint... Les «ex» se sont, au contraire, montrés très surpris de constater qu'ils étaient capables d'aimer et de vivre avec deux personnalités aussi radicalement différentes.»

La plupart des mariés-bis reconnaissent qu'ils ont su, la seconde fois, éviter bien des écueils relationnels, sexuels, psychologiques dont ils n'avaient pas même conscience quand ils s'étaient mariés jeunes.

L'expérience, génératrice de progrès comportementaux? Pas toujours, mais souvent. Plus souvent, à coup sûr, depuis que l'approche individuelle du divorce a changé. Quand le divorce pour «faute» impliquait forcément un coupable et une victime, les protagonistes se remettaient peu en question par la suite. Les victimes s'en prenaient à l'autre ou à la malchance pour expliciter leur rupture, en conséquence de quoi elles n'avaient certes pas de reproches à se faire: ce n'était pas leur faute, puisque le juge l'avait dit! Les coupables faisaient rarement amende honorable, expliquant leur forfaiture par l'incapacité dont avait fait preuve leur victime à les comprendre et à les garder. Résultat: forts de leur bon droit ou de leurs circonstances atténuantes, les uns et les autres pouvaient rééditer le même scénario dans leur deuxième couple, en changeant simplement l'interprète d'un des eux grands rôles. J'ai assisté un jour à une rencontre étonnante entre les deux femmes successives d'un même homme: la similitude de leurs observations était fascinante. Toutes deux parlaient, à quinze ans de distance, rigoureusement du même individu. Terrifiante pérennité d'un personnage coulé dans le béton de ses comportements...

Le divorce-boom et ses ruptures par désenchantement mutuel ont modifié beaucoup cette façon de réagir. À partir du moment où il est admis qu'il n'y a plus de vrai coupable, les responsabilités de l'échec

176

sont forcément partagées, chacun est obligé de s'avouer qu'il n'est pas totalement innocent. Cette rétroculpabilité incite à changer, à progresser, à aménager ses priorités, à contrôler ses réactions pour les rendre plus compatibles avec la vie de couple. Quand on y parvient, on a une chance supplémentaire de faire mieux la deuxième fois.

Au passage, je me permettrai un petit conseil aux chasseurs et chasseuses de conjoints d'occasion: méfiez-vous des «ex» qui vous racontent leurs déboires sans exprimer l'ombre d'un *mea culpa*, ils risquent de répéter les erreurs de leur premier mariage.

Heureusement d'ailleurs que le caractère et le comportement se polissent après un divorce, car les couples de la deuxième chance sont confrontés à un problème spécifique qui va leur demander patience, compréhension, bienveillance, indulgence et générosité: la présence d'enfants et de conjoints du premier mariage.

Les tiens, les miens, les nôtres: pas simple!

Nous l'avons constaté: 70% des divorcés ont des enfants. Dans plus de 80% des cas, la mère en a la garde. Le cas de figure le plus classique en cas de remariage est donc celui d'un couple qui vit avec son/ses enfant(s) à elle et qui accueille son/ses enfants à lui deux week-ends par mois et pendant la moitié des petites et grandes vacances. Pour peu que le couple se soit offert le luxe — de plus en plus fréquent — d'un nouveau bébé, rien que pour lui, en première exclusivité, la logistique affective et financière de cette troupe disparate pose forcément des problèmes extrêmement épineux.

Je les ai vécus, je les ai assumés; comme toutes les mères dans cette situation, j'en ai souffert. Je me suis cogné constamment le coeur sur cette évidence: jamais un homme qu'on aime et qui n'est pas le père de vos enfants ne peut les aimer comme si c'étaient les siens. Ou, plus exactement, ne peut les aimer et les supporter comme on le fait soi-même. Alors, on vit un peu la tendresse entre deux chaises. Il faut transiger, négocier, protéger, pardonner, concilier, répartir, pour donner à la fois le maximum à ses enfants et ne pas trop demander à son conjoint.

En fait, les couples premiers traversent les mêmes crises: pour eux non plus, l'éducation des enfants n'est pas tous les jours une partie de plaisir. Les dimanches matin où les enfants ne vous laissent pas faire la grasse matinée: ils connaissent. Les frères et soeurs qui se battent: ils subissent. Les adolescents qui font la gueule et ne rendent jamais aucun service: ils supportent... mal. Mais ils échappent à cette pincée d'agacement qu'ajoute la non-appartenance d'un enfant à l'un ou à l'autre. «Demande à *ton* fils de ne pas faire de bruit quand je travaille...», «Ta fille pourrait prévenir quand elle mange chez sa copine...» — ces phrases fusent également entre parents naturels, mais elles n'écorchent pas de la même manière les oreilles d'une mère ou d'une bellemère, d'un père ou d'un beau-père. Sans compter les jalousies, les rivalités, les affrontements des enfants entre eux.

Mes enfants, *tes* enfants, le *nôtre*... Pas facile de décliner ces possessifs quand ils désignent la chair de la chair de l'un, de l'autre ou des deux. Dans son livre sur *la Constellation familiale*, Jacqueline Dana raconte à propos de ces fratries-cocktails l'histoire de Nicole. Elle m'a paru exemplaire[5]:

Nicole, quarante ans, a eu un fils de son premier mariage, Michel, et un autre de son mari actuel,

Anatole. Ce mari est lui aussi divorcé et a un fils de sa première femme, Frédéric. Le couple a vécu trois ans avec les trois enfants.

«À la naissance d'Anatole, j'avais les deux aînés à la maison, j'étais très fatiguée. Ils se disputaient le père. Mon fils Michel avait adopté mon deuxième mari, Mario, avec passion. Mario, qui a toujours eu une vocation pédagogique, s'occupait beaucoup de lui. Frédéric, qui voyait sa place occupée, cherchait désespérément à récupérer son père. Il disait à Michel: «C'est mon papa.» Mais l'autre était dans sa maison avec ses jouets et sa mère. On arrivait à des conflits dramatiques pour le couple et les enfants se déchiraient. Ils s'asseyaient chacun sur un genou du père en disant: «C'est mon papa», et Mario n'arrivait pas à répondre à la demande.

«Puis Frédéric, au bout de ces trois années qui furent très difficiles, est reparti chez sa mère. Nous passons toujours les vacances ensemble. Quand il revient à la maison, c'est la fête, mais il y a encore une rivalité constante entre les deux grands. Ils se sont battus comme des fous, en particulier l'été sur la plage. Ils voulaient se tuer... Nous avons laissé faire, nous souffrions mais nous sentions que c'était très important qu'ils règlent entre eux leurs conflits. Et pourtant, au fil des années, une grande amitié est née entre eux. Michel est allé chez Frédéric. Aujourd'hui, ils me semblent très équilibrés. Michel, vers seize ans, a pris en main le dernier-né, Anatole, et s'en est beaucoup occupé. Mais, entre Frédéric et Anatole, il y a une grande passion...

«Nous, les parents, nous avons été très souvent dépassés. Nous étions tourmentés par l'idée de la justice à faire régner. Quelle justice? Avec ces trois enfants de trois lits différents... On avait tellement peur de créer des inégalités qu'on frustrait son propre enfant qui attend toujours, et c'est normal, un traitement de faveur...»

Nicole est une femme de grande bonne volonté; apparemment, son mari aussi; malgré cela, leur vie de beaux-parents n'a pas été simple. Dans les autres familles à couvées multiples et disparates, la situation peut être encore plus tendue si les caractères sont plus tranchés.

C'est souvent avec les adolescents que les beaux-parents ont le plus de mal à se faire admettre. Les petits finissent pas s'intégrer assez volontiers à ces familles complexes qui font partie de leur paysage affectif dès leur plus tendre enfance. Un garçonnet remarquait joyeusement devant moi, à propos de sa situation familiale: «Moi, à Noël, c'est extra, j'ai deux vrais Pères Noël: un chez papa, un chez maman. En plus, j'en ai trois petits, parce que j'ai trois grands-mères.» En revanche, les grands de plus de 12/14 ans, qui ont longtemps vécu dans une famille simple, avec papa et maman sous le même toit, s'intègrent plus malaisément aux nouveaux couples formés par leurs parents. En période de révolte «normale» contre la société des adultes, ils trouvent là un point d'application à leur agressivité, et une justification à leur revendication d'autonomie. Parfois également, s'ils sont à la garde de leur mère restée seule, ils auraient l'impression de «trahir» celle-ci en acceptant la nouvelle compagne du père. Il faut attendre qu'ils soient eux-mêmes devenus adultes, qu'ils aient vécu leurs premières expériences en couple, pour qu'ils acceptent de reconnaître le droit de leurs parents à disposer d'eux-mêmes. En attendant, les «beaux-parents» doivent faire preuve d'une grande patience ou d'une totale discrétion.

Tous les parents de deuxième main n'ayant pas cette équanimité, le ton monte souvent, chez les couples remariés, à propos des enfants. Parfois, ces frictions sont encore aggravées par les relations qui subsistent avec le premier conjoint.

Gare à la jalousie rétrospective

Il y a quinze ans, quand on demandait aux divorcés quelles relations ils entretenaient avec le père ou la mère de leurs enfants, plus de 60% des hommes et des femmes déclaraient qu'ils ne revoyaient *jamais* leur ancien conjoint. Chiffre qui traduit bien la mentalité de l'époque où la rupture «pour faute» du lien matrimonial entraînait une brouille définitive. L'enquête précise: «On notera que la disparition totale de solidarité est plus fréquente dans la catégorie de ceux qui ont obtenu le divorce "aux torts du conjoint"[6].»

À l'heure actuelle, près de 35% des divorces se règlent à l'amiable. Dans les années à venir, cette proportion devrait encore augmenter. Cela signifie forcément persistance de liens étroits entre les parents. Ce qui risque de poser des problèmes de jalousie rétrospective et, parfois même, de jalousie pas rétro du tout.

Il s'agit alors d'une jalousie plus matérielle que sexuelle. Elle m'a semblé plus particulièrement le fait des deuxièmes compagnes à l'encontre des premières femmes. Elle s'exerce de la façon suivante:

Très souvent, un homme choisit, nous l'avons vu, une seconde femme plus jeune que la première. En changeant de génération, il change également de style de relations: délaissant une femme inactive et matériellement dépendante, il forme un nouveau couple avec une compagne autonome, généralement une femme qui travaille. Les deux salaires lui permettent de faire plus aisément le «saut» financier d'un divorce qui se serait révélé impossible si l'homme avait dû faire face à un double budget reposant sur ses seuls revenus. Le niveau de vie du couple de la deuxième chance s'en trouve forcément grevé. Si la première femme demeure suffisamment «intime» avec son «ex», elle se sert parfois de cette situation culpabilisante pour rester moralement et matériellement dans une certaine dépendance. Au grand dam de la nouvelle compagne que cette bigamie de fait agace.

Au cours d'une émission de radio, style «ligne ouverte», où chacun peut vider son sac sous le sceau de l'anonymat, une jeune femme dans cette situation a un jour explosé à l'antenne: «On plaint toujours les pauvres femmes abandonnées, toute la société ne parle que d'elles, mais on ne songe jamais à nous, leurs prétendues voleuses de maris! Qui part tous les matins au boulot pour gagner sa quote-part du budget pendant que Madame Ex passe avec les enfants deux mois de vacances que, bien entendu, Monsieur finance? Nous, les deuxièmes femmes. Qui complète les fins de mois difficiles parce que tout augmente et qu'il n'est pas question que le niveau de vie des enfants puisse souffrir du départ de leur cher papa? Nous, les deuxièmes femmes. Qui cherche l'adresse d'un bon dentiste pour le petit dernier parce qu'*elle* n'a jamais été capable de se débrouiller avec ce genre de problèmes pratiques et qu'*elle* a gardé l'habitude de lui téléphoner dès qu'il faut prendre la moindre décision? Nous, les deuxièmes femmes. Qui passe Noël toute seule au coin du petit écran parce que, ce soir-là, *elle* a eu la bonne idée de faire un réveillon en famille en précisant, bien sûr, que nous ne sommes pas invitées? Nous, les deuxièmes femmes. Et vous voudriez en plus que nous nous apitoyions sur leur sort et que nous nous sentions coupables vis-à-vis de ces femmes qui n'ont jamais été capables de gagner leur vie et de rendre nos hommes heureux! Alors là, je dis non, non et non!... et, croyez-moi, ça me fait du bien, car tout ce que je dis là, je n'ai bien entendu jamais osé le dire devant lui, pour ne pas lui faire de la peine!»

Son intervention a déclenché une vague d'appels téléphoniques impressionnante. Tous anonymes, mais tous solidaires. Il doit trotter beaucoup plus de jalousie qu'on ne le dit dans la tête des «voleuses»! Jalousie d'autant plus frustrante qu'elle est effectivement honteuse. Comment formuler des sentiments aussi peu honorables alors que la société entière vous considère comme la victorieuse, puisque vous avez l'homme et que l'autre l'a perdu?

Les bons rapports «ex»/actuels

Ces conflits entre «ex» et actuels ne sont pas toujours de règle, bien au contraire. Il est désormais très «in» d'entretenir avec l'ex-épouse de son mari/compagnon des relations tout à fait chaleureuses, et de compter au nombre de ses bons copains tous les ex-maris/compagnons de la femme avec laquelle on vit.

«Le jour de l'accouchement de ma deuxième femme, la première personne à qui j'ai eu envie de téléphoner, c'était Louise, ma première femme. Pour lui annoncer que notre fille avait un petit frère. Le soir même, nous avons fêté l'événement ensemble au champagne. Elle était heureuse, comme si elle venait d'avoir un neveu. Et moi, j'étais si content de partager ma joie avec elle que je l'ai emmenée à l'hôpital pour qu'elle embrasse la maman et le bébé. Normal, non?»

Normal, normal, c'est vite dit. Peut-être vaut-il mieux ici ne plus tenter d'établir de normes dans un domaine aussi singulièrement «de pointe», sur le plan affectif, que celui des rapports entre les divers morceaux du puzzle de votre vie!

Au cours de mon enquête, je me suis rendu compte qu'il existe encore une variété infinie de comportements pour régir le savoir-coEXister. Il demeure de farouches partisans de la rupture complète et définitive. «Loin du coeur, loin des yeux», leur tient lieu de devise post-conjugale. Cependant, la tendance est certainement à la réconciliation post-divorce, à l'entente de plus en plus cordiale au fur et à mesure que le temps passe.

Ceux qui admettent cette coexistence pacifique avec tous les «ex» et actuels membres de ce qui fut ou est désormais leur tribu se montrent enchantés de cette vie en simili-communauté. Les uns partagent une maison de campagne conservée par l'un des couples en indivision, cela permet au fils unique des copropriétaires de passer ses week-ends avec Papa et Maman multipliés chacun par deux. D'autres invitent à déjeuner le dimanche le père des enfants de Madame, qui n'est pas remarié et qui aime bien se retrouver ainsi en famille avec ses fils et leur demi-frère. Les troisièmes se passent de gardiennes pendant les vacances d'été, car ils s'organisent pour garder les enfants à tour de rôle. Les plus communautaires ont fini par s'installer dans deux appartements d'un même immeuble, ce qui permet aux enfants de manger indifféremment chez les uns et chez les autres — et pose d'ailleurs parfois quelques problèmes d'information, quand chacun les croit chez l'autre et réciproquement. En somme, ils se comportent avec leurs «ex» comme avec de bons amis, mais des amis qui auraient cette rare particularité d'aimer leurs enfants autant qu'eux-mêmes!

Chaque fois que l'on m'a fait le récit détaillé de ces tentatives de vie collectivement organisée autour du bien-être des enfants, j'ai eu la conviction que ces couples menaient une vie plus gaie, plus généreuse que ceux qui s'enferment dans leur présent personnel et claquent définitivement la porte au nez des personnages du chapitre précédent. J'ai moi-même pratiqué cet esprit tribal avec mon premier mari, sa deuxième femme et leurs enfants. Nous nous en sommes tous toujours félicités. J'ai souvent essayé de définir, par exemple, les sentiments qui me lient aux demi-frères et demi-soeurs de mes enfants qui, en termes de consanguinité, ne me sont rien. En y réfléchissant bien, je les considère comme des sortes de neveux par fratrie. Comment pourrais-je ne pas me sentir concernée par ce qui leur arrive, puisque c'est important pour mes enfants et que ce qui a une importance pour eux en a forcément pour moi? Nous avons les uns et les autres des souvenirs et des attachemets communs — cérémonies familiales, retours de lointains voyages, naissances, etc... — qui me paraissent au moins aussi décisifs, pour créer des liens durables, que la présence de gènes ou de chromosomes de même origine.

Pour l'heure, seule une minorité d'avant-garde pratique ces moeurs de tolérance tribale. Elle fera certainement école, parce qu'elle correspond aux besoins affectifs et aux nécessités pratiques des couples à conjoints multiples et à temps variable, ainsi qu'à ceux des enfants qu'ils ont pris la responsabilité de mettre au monde et l'engagement d'élever. Ce qui finit par représenter beaucoup de monde en période de divorce-boom, *a fortiori* quand les couples de la deuxième génération ne se montrent pas plus éternels que les autres...

On pourrait imaginer que les deuxièmes tentatives de vie commune, puisqu'elles sont généralement considérées comme plus satisfaisantes que les premières, se révèlent plus résistantes à la maladie conjugale. Il n'en est rien. Les probabilités de rupture sont, au contraire, plus élevées.

Les pays européens n'ont pas encore chiffré ces redivorces. Là encore, comme souvent en matière de mutation des modes de vie contemporains, les indications statistiques nous viennent des États-Unis, plus systématiques que nous dans leurs investigations sociologiques. Une étude de J. McCarthy, datée de 1978, fait apparaître les chiffres suivants: pour 1 000 mariages contractés en 1960 ou après, il y aurait eu, cinq ans après le mariage, 100 divorces après de premières unions, pour 207 après de secondes unions. Dix ans après le mariage, on compterait 183 divorces dans le premier cas et 430 dans le second[7]. Ce qui signifie qu'au bout de dix ans, 40% des remariages auraient à nouveau explosé. Si l'on rapporte ce chiffre aux taux de divorcialité européens, les risques de redivorces se situeraient à près d'une chance sur trois dans un pays comme la France. En additionnant les ruptures de cohabitation et les deuxièmes divorces, on ne doit en effet pas être très loin d'un tel pourcentage. Comment expliquer ce haut risque de redivorce?

Il apparaît que trois dangers essentiels menacent les couples de la deuxième chance:

Premier danger: les conflits intrafamiliaux. Nous venons de le souligner, ces couples ont à affronter des situations familiales plus compliquées, plus génératrices de conflits. Les divorcés, dont on peut supposer *a priori* qu'ils n'ont pas particulièrement le goût du sacrifice ni le sens de l'abnégation, ne sont pas toujours capables de les surmonter.

Deuxième danger: l'expérience des divorcés. Les remariés et les recohabitants comptent déjà une rupture de vie commune dans leur passé conjugal. Ayant traversé une fois cette crise majeure, ils ont pu constater que, si pénible qu'elle ait été, elle n'a pas mis fin pour autant à leur envie de vivre ni à leurs espérances de reformer un couple et de connaître à nouveau l'amour. En cas de nouvelle maladie conjugale avec un deuxième conjoint, ils envisagent plus facilement que les néophytes du divorce de remédier à la mésentent par la rupture.

Troisième danger: le tempérament des divorceurs. De même que certaines personnes passent toute leur vie professionnelle dans la même entreprise en faisant le même métier, alors que d'autres changent plusieurs fois d'orientation et d'employeurs, il existe des hommes et des femmes que le recyclage conjugal tente, tandis que d'autres ne s'épanouissent que dans la stabilité et la fidélité. Les divorcés appartiennent souvent à la race des amoureux aventuriers: ils ont plus d'emballements, plus d'exigences, plus d'audace, moins de scrupules, moins de principes que les monogames de longue durée. Ce profil psychologique les a conduits une première fois à tenter l'aventure du divorce, il risque de leur insuffler de nouveaux désirs de changement.

Pourtant, le divorce n'étant certes pas une partie de plaisir et le mariage ayant des avantages incontestables au seuil de la maturité ou aux approches de la retraite, plus des deux tiers des couples de la deuxième chance échappent à ces dangers et vieillissent ensemble.

Mais les autres, les redivorceurs, qui sont-ils, que deviennent-ils? Personne ne le sait: ils se perdent dans la masse des marginaux du mariage et finissent généralement leur périple conjugal dans l'illégalité. La seule particularité qu'on leur connaisse concerne leur âge: plus on divorce jeune la première fois, plus on risque de divorcer une deuxième fois. À l'inverse, si l'on divorce pour la première fois au-delà de quarante ans, il est très probable que la seconde union tiendra bon jusqu'au terme du voyage: «Jusqu'à ce que la mort nous sépare», comme on disait du temps où le divorce-boom n'existait pas. Du temps où la société paraissait plus simple à comprendre, même si les individus n'étaient pas plus heureux en ménage...

XI

Le temps des choix

D'ici à l'an 2000, le divorce-boom va-t-il se poursuivre, s'intensifier, régresser?

Le troisième millénaire verra-t-il le mariage tomber en désuétude pour laisser place à l'union libre?

L'institution familiale pourra-t-elle survivre si les couples sont si éphémères?

Assistons-nous aux derniers jours de la monogamie?

Rien n'est plus hasardeux que de faire ce genre de prédictions à long terme. Les futurologues se sont suffisamment ridiculisés depuis trente ans en *oubliant* des événements aussi fondamentaux que la crise du pétrole ou la renaissance de l'Islam, pour que nul n'ose plus se montrer aussi affirmatif dans ses prévisions. Encore la prospective économique se fonde-t-elle sur des données factuelles que peut digérer et triturer l'informatique. En matière de divorce, l'avenir n'appartient pas aux ordinateurs. Tout dépend des données aussi peu concrètes que l'amour, la tendresse, le désir d'enfant, l'évolution des mentalités et des moeurs.

On peut néanmoins suggérer quelques réflexions dont chaque lecteur pondérera l'influence et l'importance pour arriver à ses propres conclusions. Voyons d'abord les données chiffrées. Elles ont l'avantage d'être claires, et l'inconvénient de ne rien signifier: car, pour un divorce légal, combien existera-t-il demain de ruptures dans l'intimité?

Le reflux est inscrit dans les chiffres

En chiffres absolus, les divorces devraient diminuer de façon notable, du moins en Europe. Cela pour une raison mathématique: pour divorcer, il faut être marié; or, on se marie de moins en moins dans la plupart des pays européens. On devrait donc assister à une chute numérique des divorces dans les dix années à venir. Par exemple, en France, on enregistrait une moyenne de 400 000 mariages par an au début des années 70. Depuis, la nuptialité n'a cessé de chuter et, en 1981, on a enregistré 300 000 mariages seulement, soit 25 pour cent de moins qu'il y a dix ans.

Par contre, en Amérique du Nord, on se marie plus que jamais. En 1981, un chiffre record de 2,4 millions de mariages a été enregistré aux États-Unis, soit un pour cent d'augmentation par rapport à 1980. Le taux de mariages est en augmentation depuis six années consécutives chez les Américains tandis qu'au Canada, le nombre de mariages diminue à peine. En 1981, on y a enregistré 191 069 mariages soit une diminution inférieure à une demie de un pour cent par rapport à l'année précédente.

Pour l'instant ce sont les plus de 35 ans qui continuent à divorcer de plus en plus fréquemment partout dans le monde occidental. Cependant, on peut s'attendre que cela aussi change dans les années à venir puisqu'en Europe les jeunes sont de moins en moins attirés vers le mariage.

Tout semble indiquer en effet que les générations montantes sont en passe de choisir une vie de couple «à la suédoise», plutôt qu'une carrière matrimoniale «à l'américaine». Les Américains ont la réputation de multiplier les expériences conjugales et de pratiquer ce que les sociologues appellent la «polygamie en chaîne»: mariage précoce, divorce, remariage, éventuellement redivorce, etc. tandis que les Suédois ont été les précurseurs de la cohabitation libre en tant que forme socialement reconnue de vie de couple, avec son corollaire inévitable: la multiplication des naissances hors mariage.

La progression des «Suédois»

Comme jadis les Vikings, les modes de vie et moeurs des jeunes descendent peu à peu de l'Europe nordique et protestante pour essaimer vers les pays situés plus au sud, à forte tradition catholique, où le mariage a résisté plus longtemps en tant qu'engagement définitif. Deux phénomènes récents illustrent cette progression des «Suédois»:

● *La montée vertigineuse de la cohabitation juvénile.* Selon une enquête de 1981 menée en France auprès de jeunes de 18 à 25 ans appartenant à toutes les catégories sociales, un jeune sur trois cohabite actuellement ou a déjà eu l'occasion de cohabiter. Le pourcentage n'est que de 13% chez les 18/19 ans, mais il atteint 41% chez les vingt-quatre ans. Selon Catherine Gokalp, auteur de l'enquête, il ne s'agit donc plus d'un phénomène marginal, mais d'un comportement qui atteint toutes les couches de la population. Les filles sont aussi nombreuses que les garçons à avoir vécu en couple hors mariage. Même parmi les enfants d'agriculteurs, dont les comportements sont toujours plus conservateurs que ceux des urbains, on dénombre 15% de cohabitants. À Paris qui, comme toute métropole, a toujours quelques années d'avance sur le reste du territoire français dans l'adoption de modes de vie nouveaux, la proportion de cohabitants de moins de 25 ans atteint un sur deux. Tout cela, d'ailleurs, avec l'accord des parents qui aident financièrement les jeunes cohabitants au même titre que les jeunes ménages[1].

Quand on songe qu'il y a dix ans à peine l'opinion publique considérait la cohabitation juvénile comme une provocation de quelques marginaux à cheveux longs, on mesure le chemin parcouru!

Une certitude: cette cohabitation juvénile va progresser encore. Elle fait désormais partie des rites initiatiques des jeunes et correspond à un attentisme ambiant en période de chômage et de crise du pouvoir d'achat. Une interrogation: la cohabitation jouera-t-elle un rôle de mariage à l'essai, comme c'est encore le cas actuellement pour 80% des couples chez qui elle ne fait que retarder de quelques années l'officialisation, ou bien les cohabitants oublieront-ils peu à peu de se marier?

● *La multiplication inouïe des naissances hors mariage.* On aurait pu penser que la vulgarisation de la contraception et la légalisation de l'avortement auraient fait diminuer le nombre des enfants «illégitimes». C'est exactement l'inverse qui se produit. En 1981, toujours en France, 100 000 enfants sont nés de mères non mariées. Jean-Claude Deville et Edmonde Naulleau, responsables de cette enquête sur «Les nouveaux enfants naturels et leurs parents», n'en reviennent pas eux-mêmes: «Depuis 1978, le nombre des enfants nés hors mariage augmente de façon inouïe, de telle sorte que de nos jours plus d'un accouchement sur neuf est le fait d'une femme célibataire, veuve ou divorcée.»

Le phénomène, d'ailleurs, ne touche pas que la France. Il prend des proportions impressionnantes dans les pays nordiques d'abord — en Suède, près de 40% des enfants ont une mère qui n'est pas mariée —, mais également en Amérique du Nord: Canada, États-Unis — 17% de naissances hors mariage — et en Europe avec l'Angleterre, l'Allemagne, la Belgique, etc. Seuls résistent encore à cette vague de naissances «naturelles» les pays de l'Europe du Sud — Italie, Espagne, Grèce —, les mêmes qui ont longtemps résisté à la montée du divorce. Pourtant, l'Italie est en passe, si l'on peut dire, de rattraper son retard; elle voit se multiplier le nombre de ses mères célibataires aussi rapidement qu'elle assiste chez elle à la montée du féminisme.

On pourrait interpréter cette vague d'enfants illégitimes comme le résultat d'une libération sexuelle incontrôlée. Il n'en est rien, car plus de la moitié de ces enfants naturels sont reconnus par leur père dès leur naissance. Quand Papa va fièrement à la mairie faire la déclaration, c'est bien la preuve que bébé n'est pas le fruit du hasard, mais bien d'une volonté délibérée des couples de ne pas se marier, tout en acceptant leurs responsabilités. En somme, bien plus que d'enfants illégitimes, il s'agit d'enfants légitimes dont les parents ne sont pas mariés.

L'étude conclut d'ailleurs: «La montée sensible, dans tous les pays d'Europe, du nombre des enfants naturels traduit essentiellement la crise du mariage en tant qu'institution, elle ne traduit pas nécessairement une crise de la famille traditionnelle[2].»

De fait, on a l'impression que ces jeunes, qui refusent de recourir à la loi de la société pour avaliser leurs amours et leur vie familiale, n'en adoptent pas moins des modes de vie très proches de ceux de leurs parents. Comme si leur contestation du mariage en tant qu'institution sociale s'accompagnait, à l'inverse, d'un retour à une conception très intime du couple, d'une recherche d'une vie familiale très intense, d'une certaine désaffection à l'égard de formes plus révolutionnaires comme les communautés ou les «lits à une place».

Cette aspiration est actuellement renforcée par l'insécurité professionnelle, le climat de crise internationale et de nécessaire mutation des habitudes de consommation. Plus le monde du travail est incertain et décevant, plus le devenir économique s'assombrit, plus les hommes et les femmes auront tendance à s'investir dans leur vie privée. On est loin des aventuriers de l'expansion qui, dans les années soixante, ne considéraient leur foyer que comme un lieu de repos pour les guerriers de l'économie. Loin aussi des enfants gâtés/déçus de la société de consommation qui, dans les années soixante-dix, pensaient inventer une nouvelle planète où les lois contraignantes de la production comme celles de la reproduction, n'existeraient plus, et où ils pourraient profiter à plein temps de ce que leurs pères avaient construit à temps plein. Ils sont devenus bien raisonnables, ces enfants de la crise: leur seul coin de ciel bleu, c'est avec leur coeur qu'ils le scrutent.

On peut même se demander si les enfants de la fin du siècle, une fois déboulonné par leurs soins le bon vieux mythe du mariage-institution, ne réinventeront pas de nouvelles formes de contrat nuptial. Plus souple, plus libéral: simple preuve d'engagement et d'amour. Un contrat résiliable, négociable, adapté à chaque cas particulier. L'animateur d'un organisme qui regroupe en France des divorcés et qui envisage de se remarier, m'a expliqué qu'il allait faire enregistrer devant notaire un contrat de ce genre. Après accord avec sa future femme, tout y sera prévu, y compris la répartition de la participation aux frais du ménage, quelques grands principes communs concernant l'éventuelle éducation d'éventuels enfants, le mode de divorce si un jour l'union venait à se rompre. Pas très romantique comme méthode? Après tout, mieux vaut prévenir que guérir, se mettre d'accord ou prendre conscience de ses désaccords avant de s'engager plutôt qu'après!

Un pronostic: si ces nouvelles formes de mariage s'élaborent, si les rôles masculins et féminins se rapprochent de plus en plus dans les gestes et modes de vie quotidiens, si la plupart des femmes conservent leur autonomie financière en exerçant une activité professionnelle, si la contraception permet de planifier rigoureusement les maternités, si les jeunes filles ne cherchent plus un mari mais partagent leur vie avec un compagnon, si elles quittent un homme quand elles ne sont pas heureuses, faisant passer l'épanouissement avant la sécurité, si les mères conservent massivement la garde des enfants parce que seule une minorité d'hommes souhaitent la partager avec elles, si elles assurent la direction matérielle de la vie quotidienne, certes en se faisant «aider», mais sans lâcher leur pouvoir de gestion, si les maisons restent les maisons des femmes... si tout cela arrive, comme il est probable, les noyaux familiaux de demain se regrouperont autour des femmes dans de drôles de familles où presque personne ne portera le même nom! Des familles où, grâce à la fantastique longévité féminine, quatre générations écriront ensemble leur histoire commune...

Peut-on dire pour autant que la société occidentale sera devenue matriarcale? Sans doute pas, car il ne s'agira pas de pouvoir et d'institution, plutôt d'entraide dans une liberté individuelle épanouie. Peut-être une société maternante? maternaliste? Il faudra trouver un nom qui ne fasse pas peur. Ni aux hommes, en leur donnant le sentiment d'abdiquer totalement leur pouvoir, même s'il n'est plus que relatif. Ni aux femmes, qui n'ont certes pas l'intention de se passer des hommes, contrairement à ce qu'ont stupidement laissé entendre certaines extrémistes.

L'avenir, d'ailleurs, ne semble pas évoluer dans le sens des extrémismes. En matière de relations amoureuses pas plus que dans les autres domaines de la vie privée.

Le couple commence en jeans

Souvenez-vous, c'était il y a quinze ans à peine, les conservateurs jouaient les Cassandre. Effrayés par la libération sexuelle et la diffusion de la contraception, ils nous annonçaient l'avènement de la débauche. Ils imaginaient déjà qu'à l'aube du troisième millénaire, le stupre et l'orgie ravageraient la jeunesse, le mariage «ouvert» érigerait les débordements sexuels de chacun des conjoints en pratique courante, l'échangisme multiplierait les couples par deux ou trois, la pornographie tiendrait lieu d'éducation sexuelle et de culture cinématographique pour les adolescents. Cette décadence des moeurs préfigurant la fin du couple et la désagrégation de la famille...

Tout ce que l'on constate actuellement va à l'encontre de ces prophéties. Il semble même que les jeunes se montrent plus rigoureux dans leurs relations de couple que les générations qui les ont précédés. D'accord, ils font l'amour, tôt, très tôt, mais d'une façon guère plus débridée que leurs pères et mères ne flirtaient. Flirter jusqu'aux limites de l'interdit n'était certes pas une activité d'enfants de choeur! Si la contraception permet aux filles et aux garçons d'aujourd'hui d'aller jusqu'au bout de leur désir, elle ne les a en rien incités à l'immoralité. Les jeunes se mettent en couple en jeans, mais en respectant les valeurs des amoureux de tous les temps.

Étonnant d'observer, chez les bandes d'adolescents, l'importance accordée à ces engagements, le respect porté aux choix. Quand Stéphanie «sort» avec Olivier, elle est exclue du lot des dragables. Elle est plus que «fiancée» puisque, en fait, elle est physiquement «mariée». Cette morale de groupe s'explique. À cet âge, la famille par le sang est moins importante que la tribu amicale, affective, il faut donc respecter les couples si l'on veut continuer de vivre en groupe. On ne pique pas la fille d'un copain, éventuellement on prend sa suite, mais au grand jour, avec, d'une certaine façon, l'accord de la bande.

Est-ce parce qu'ils ont trop vu les adultes se déchirer et souffrir qu'ils attachent tant d'importance à la fidélité? Est-ce simplement parce qu'ils n'ont pas encore l'âge des compromissions? Toujours est-il qu'ils refusent de se mettre en situation d'hypocrisie et de mensonge. La limpidité amoureuse les tente. Aussi, quand ils cohabitent, s'astreignent-ils à une relation exclusive, se montrant plus mariés que les mariés des générations précédentes.

Quitte à rompre quand ça ne marche plus.

Le droit à la multiplicité

Voilà qui est nouveau et important: la reconnaissance implicite par les jeunes du droit à la multiplicité des vies en couple. À condition qu'elles ne se chevauchent pas.

Que l'on commence la vie à deux en jeans, comme actuellement, ou en robe blanche comme précédemment, le problème de la rupture/séparation/divorce reste le même: a-t-on le droit moral de changer de partenaire quand celui/celle avec qui l'on vit ne répond plus à ses attentes ou qu'on ne sent plus capable de satisfaire à ses aspirations? C'est parce qu'une majorité écrasante d'hommes et de femmes répondent oui à cette question capitale — même si, à titre personnel, ils n'ont aucune envie d'en faire l'expérience et souhaitent s'en tenir à l'union unique — que la morale conjugale est aujourd'hui en pleine mutation. Une morale sans doute plus laxiste sur les principes qui régissent la vie des couples en société, mais qui se révèle très exigeante sur la qualité de la relation à deux. Pourquoi continuerait-on de vivre ensemble quand on ne s'aime plus? Pourquoi accepter de se mentir, de se tromper, de se battre, de se détruire? Pourquoi? Au nom de quelle morale?

Entendons-nous bien: il ne s'agit pas d'ériger cette formule de couples successifs en modèle de comportement, mais d'admettre le recyclage affectif et conjugal comme une possibilité normale dans la vie de ceux/celles qui n'ont pas la chance, le tempérament, le goût de passer toute leur vie à l'intérieur du même couple. Cette *normalisation* est désormais vérifiable dans les faits, elle ne l'est pas encore tout à fait dans les mentalités. Bien sûr, on ne condamne plus les divorcés, mais on les plaint. On les considère un peu comme des handicapés qui ne peuvent vivre tout à fait comme tout le monde[3].

Pourtant, à entendre les «ex» faire leur bilan, cette pitié n'est plus guère de mise dans la majorité des cas.

Le bilan des divorcés: positif

Le divorce, ou, si l'on n'est pas marié, la rupture d'une vie commune est une épreuve personnelle et familiale difficile à traverser. Tous les divorcés le reconnaissent. Aucun «ex» normal, doué d'un minimum de sentiments et de tendresse, n'a vécu sa séparation comme un accident de parcours sans réelle gravité. Tous en ont conservé quelques bleus à l'âme et quelques rides au coeur. Cependant, cinq ou dix ans plus tard, une fois surmontés les bouleversements affectifs et les difficultés matérielles, quand ils font leur bilan, ils le trouvent positif.

Mise à part une petite minorité que nous avons déjà évaluée à huit pour cent environ, qui a définitivement enterré sa vie sous les ruines de son couple. Ceux-là — je devrais plutôt écrire celles-là, car il s'agit plus souvent de femmes — semblent d'ailleurs regretter davantage une situation matérielle, un statut social, une sécurité, qu'à proprement parler la vie commune avec un individu dont elles sont les premières à détailler les défauts. Elles déplorent la perte d'un personnage plus que la privation d'une personne. On leur a volé leur bien, leur droit, qu'elles croyaient exclusifs, d'être Madame-la-femme-du-Monsieur-qui-ne-vit-plus-avec-elle. Elles se sentaient propriétaires de leur conjoint, se sont battues pour tenter de récupérer leur bien, ne se remettent pas de ce vol caractérisé. L'amour n'a plus grand-chose à voir avec ces regrets-là.

En revanche, quelques hommes romantiques et abandonnés m'ont semblé conserver, même de longues années après leur divorce, de véritables sentiments envers l'infidèle qui les a quittés. Je n'affirmerai cependant pas que leur peine vivace ne soit pas davantage un chagrin d'amour-propre qu'un chagrin d'amour pur.

Quant aux autres divorcés, si on les interroge plus de cinq ans après la rupture, les seuls regrets qu'ils expriment concernent plutôt le temps perdu à tenter de prolonger leur couple moribond. Tous considèrent que la situation était inextricable et qu'aujourd'hui encore, si c'était à refaire, sachant ce qu'ils savent, ils recommenceraient. À franchement parler, la plupart auraient préféré se marier une bonne fois pour toutes, mais, à partir du moment où ils n'ont pas opéré d'emblée un choix qui leur aurait permis de rester dans un couple au long cours, ils se félicitent d'avoir su rectifier à temps leur navigation matrimoniale pour ne pas patauger indéfiniment dans le marigot d'un mauvais ménage.

Si l'immense majorité d'entre eux dressent ce bilan, c'est qu'ils ont su retrouver une relation de couple satisfaisante, infiniment plus positive que la précédente. Ils remercient alors sincèrement le destin de les avoir fait naître dans une société où le droit au changement conjugal est désormais reconnu comme une liberté fondamentale.

Des familles d'un nouveau type

Ce schéma de vie en couples successifs peut satisfaire les aspirations à l'épanouissement personnel qui se font de plus en plus impérieuses dans le monde contemporain, mais est-il compatible avec la persistance d'une cellule familiale suffisamment riche pour assurer la sécurité affective et éducative des enfants? Peut-on imaginer une société où le couple conjugal ne représenterait plus la cellule de base de l'organisation collective?

Dans un rapport sur la prospective de la famille française (1981-1985), les experts, en réponse à cette question, évoquent des réseaux familiaux d'un type nouveau, formés par l'ensemble des anciens et des nouveaux conjoints et partenaires, de leurs enfants et de leurs parentés respectives. Cette famille *étendue* jouerait un rôle important dans la socialisation des enfants de familles dissociées. Sorte de tribu par le coeur, elle assurerait stabilité relationnelle et sécurité matérielle même quand le couple nucléaire viendrait à se séparer. Ceci, tant dans la famille maternelle que paternelle. Cette conception tribale de la responsabilité offrirait peut-être aux enfants de plus larges possibilités d'intégration, une meilleure diversité de relations naturelles, une atmosphère plus conviviale, les rancoeurs des «divorces pour faute» n'existant plus.

Il ne faut pas oublier qu'on a beaucoup reproché à la famille nucléaire — papa/maman/un ou deux enfants — d'étouffer ses membres, de les enfermer dans un univers d'aliénations et de contraintes. La tribu pourrait ouvrir les fenêtres sans détruire la maison. N'oublions pas qu'aujourd'hui déjà, près du tiers des petits enfants de couples mariés sont élevés par leurs grands-mères. En fait, le couple conjugal n'est déjà plus, depuis bien longtemps, ce qu'il était, il faut cesser de s'y référer comme à une norme courante. Les cycles de vie se différencient de plus en plus.

C'est d'ailleurs dans ce rapport que j'ai vu évoquer pour la première fois dans un document officiel cette notion de «*cycle de vie*» où s'inscrivent diverses séquences en fonction des trajectoires personnelles des différents membres d'une famille. Voici un exemple qui est donné d'un cycle familial de ce nouveau type (*ego* est une femme):

> *0/19 ans:* séquence biparentale, *ego* vivant avec ses parents et ses trois frères et soeurs légitimes.
> *19/21 ans:* séquence de cohabitation juvénile.
> *21/26 ans:* séquence conjugale, *ego* vivant avec son mari et ses deux enfants légitimes.
> *26/30 ans:* séquence conjugale éclatée, *ego* et son mari vivant séparément et exerçant de façon conjointe et alternée la garde de leurs deux enfants.
> *30/32 ans:* séquence de vie communautaire, *ego* vivant en communauté avec cinq adultes et six enfants, dont l'un de ses enfants, l'autre vivant de façon alternée chez son père et dans la communauté.
> *32/34 ans:* séquence monoparentale, *ego* vivant seule avec ses deux enfants dont le père est parti à l'étranger pour raisons professionnelles.
> *34/...:* séquence conjugale, *ego*, un enfant d'*ego*, un compagnon, un enfant vivant alternativement au foyer d'*ego* et chez l'ex-épouse du compagnon, le deuxième enfant d'*ego* étant parti rejoindre son père à l'étranger...[4].

Certains frémiront à l'évocation d'un tel «cycle de vie». Il leur paraîtra contre nature, traumatisant pour tous ses acteurs qui n'auront plus, à leurs yeux, les caractéristiques d'une vraie famille.

D'autres, au contraire, souriront peut-être de l'excès de ces virages existentiels, mais y reconnaîtront des touches biographiques de gens au milieu desquels ils vivent déjà sans les trouver particulièrement monstrueux ou traumatisés. Cette nouvelle approche de la vie familiale, où les liens de vie remplacent ceux de sang, où la tendresse ne tient pas compte de l'état civil, ne leur semble pas une mauvaise voie pour améliorer les relations humaines.

Que les premiers se rassurent: le mariage a encore de beaux jours devant lui. Il correspond aux aspirations de tant de couples auxquels il apporte tout à la fois la stabilité affective et la sécurité matérielle. Dans un monde en crise, il se peut même que sa cote remonte très fort à la bourse des valeurs sûres! De plus, s'ils réussissent un parcours conjugal sans faute, ils auront droit à la considération de tous, tant leur performance paraîtra exceptionnelle.

Que les seconds se réjouissent: le libéralisme marque chaque jour des points sur le conservatisme au chapitre des moeurs. La tolérance que révèlent tous les sondages d'opinion leur garantit de pouvoir choisir leur cycle de vie en toute liberté vis-à-vis des autres, en toute responsabilité vis-à-vis d'eux-mêmes.

Le temps des modèles s'achève, voici venu celui des choix.

Dernière image

Je voudrais terminer ce livre sur une image. Elle m'a bouleversée au printemps dernier.

J'avais une amie que j'aimais tendrement. Elle était généreuse, courageuse, travailleuse, gaie, plus vivante que nous toutes jusqu'au jour de sa mort. Elle s'appelait Françoise et s'est battue trois ans durant contre un cancer. À 42 ans, elle a perdu.

Le jour de son enterrement, dans une petite église de banlieue, les deux hommes de sa vie — le père de ses enfants et son compagnon des dix dernières années — étaient là. L'un et l'autre beaux, forts, bouleversés, encadrant ses enfants.

En les regardant pleurer, je me suis dit que moi aussi, je serais fière que les hommes de ma vie m'accompagnent ainsi, côte à côte, le dernier jour. Parce que je les aurai tous aimés. Je dois à chacun des moments importants, même si nous n'avons parcouru qu'un bout de chemin ensemble.

On ne refait jamais sa vie, on la continue.

Veulettes, octobre 1982.

Notes

I
STATISTIQUEMENT SIGNIFICATIVE

1. «Le remariage des divorcés», revue *Population*, avril-mai 1981.
2. «U.S. Bureau of the Census» (1976).
3. Tous les prénoms et initiales de ce livre ont été systématiquement changés pour préserver l'anonymat des interviewés. Parfois même, nous n'en mettons aucun.
4. «Générations nouvelles et mariage traditionnel», *Cahier No 86 de l'I.N.E.D.*

II
LA DIFFICILE ÉQUATION

1. Ces deux faits divers ont été relatés en 1982 dans *Le Matin*.
2. «Générations nouvelles et mariage traditionnel», tableau 21, p. 120.

3. Enquête S.O.F.R.E.S., «Ce qui fait marcher les couples», publiée dans *Le Nouvel Observateur* du 23/2/81.

4. Gérard Callot, entretien avec Jacques Mousseau, 1982.

5. La loi italienne sur le divorce date de 1970. La loi espagnole, de 1981.

III
L'EXPLOSION DU DIVORCE-BOOM

1. «Divorce et divorcés», par Michel-Louis Levy, *in Population et Sociétés,* n⁰ 144, février 1981.

IV
LES CHANGEMENTS DU QUOTIDIEN

1. *Toujours plus,* par François de Closets, Grasset, 1982.

2. Jacques Commaille, *Le Divorce en France.*

3. Alain Girard: «Le choix du conjoint», *Travaux et Documents I. N. E. D.,* Cahier n⁰ 44, 1964.

4. A. Boigeol et J. Commaille, *Le Divorce et les Français,* 1970, La Documentation française.

5. Dominique Greff: «La pratique du divorce à la chambre des Affaires matrimoniales du tribunal de grande instance de Strasbourg.»

6. *Le Choc du futur,* Denoël, 1970.

V
LA MALADIE DU DÉSAMOUR

1. Me Jacqueline Dourlen-Rollier, citée dans un article «Le divorce aujourd'hui», de Chantal de Rudder, publié dans *L'Express* du 13 décembre 1980.

2. *Divorce won't help,* par Edmund Bergler, Liveright Publishing Corporation, New York.

3. Les parenthèses sont de l'auteur et non d'Edmund Bergler.

4. *Le Choc amoureux,* de Francesco Alberoni, Garzanti Editore. Édition française: Ramsay, 1980.

5. «Marital Separation», *Journal of divorce,* n° 1, 1977.

VI
ET LES ENFANTS?

1. *Surviving the breakup*, Basic Book, New York. Extraits parus dans *Marie-Claire*, juin 1981.

2. «Le divorce et les Français», *Cahier I. N. E. D.,* n⁰ 77.

3. Chiffre cité par Denise Fasquelle dans *Le Matin* du 27/11/81 à propos d'une émission du «Nouveau Vendredi» sur FR3: «Papa ou Maman?»

4. «Les enfants du divorce», *Le Monde de l'Éducation*, n⁰ 82, avril 1982.

5. «Les enfants du divorce: ça peut se passer bien», enquête de *F magazine*, n⁰ 39, juin 1981.

6. Richard A. Gardner, *Les Enfants du divorce*, Ramsay.

7. Christian Léomant: «Dissociation familiale et délinquance juvénile», *Annales de Vaucresson*, n⁰ 2 (1974).

8. Le groupe de réflexion comprenait des assistantes sociales, des magistrats, des psychothérapeutes et des représentants de diverses associations familiales.

VIII
LES LENDEMAINS QUI GRINCENT

1. *Creative divorce,* par Mel Krantzler, Signet Book, New American Library, 1975.

2. «L'expérience des divorcés», *Cahiers de l'I.N.E.D.*, N° 72, tableau n° 95. Question: «Estimez-vous que votre divorce a été pour vous:

— une faillite définitive de votre vie personnelle? Hommes: 7%, Femmes: 12%.

— une épreuve pénible, mais qui ne gâche pas définitivement votre avenir? Hommes: 49%, Femmes: 39%.

— une libération qui vous donne une nouvelle chance dans la vie? Hommes: 40%, Femmes: 43%.

— un événement dont vous connaissez encore mal les conséquences pour votre avenir? Hommes: 4%, Femmes: 6%.

3. Drs Thomas H. Holmes et Richard. H. Rahe, de l'université de Washington.

IX
LES CHEMINS DU MIEUX-ÊTRE

1. Morton et Bernice Hunt, *The divorce experience,* 1977, McGraw-Hill Book Company.

2. Étude citée par le Dr Escoffier-Lambiotte dans *Le Monde,* 1981.

3. Enquête de Gunhild Hagestad et Michael Smyer, de l'université de Pennsylvanie, citée dans *Psychology Today,* août 1982.

4. «*Ça va les hommes?*», du même auteur. Grasset.

5. «Le divorce et les Français, l'expérience des divorcés», *Cahiers de l'I.N.E.D.*, n° 72, P.U.F.

X
LES COUPLES DE LA DEUXIÈME CHANCE

1. Les chiffres cités sont extraits de l'article de Louis Roussel sur «Le remariage des divorcés», paru dans la revue *Population, n°* 4/5, 1981.

2. Belgique, Danemark, France, Pays-Bas, R.F.A., Angleterre, Suisse, Suède, États-Unis. Les pays où l'on se remarie le plus sont l'Angleterre, l'Allemagne, la Belgique et la France. Ceux où l'on se remarie le moins: la Suède, la Suisse, les Pays-Bas. Les pays de l'Europe méditerranéenne, comme l'Italie et l'Espagne, ont des législations sur le divorce trop récentes pour pouvoir être comparés aux autres en matière de remariage.

3. Beaucoup d'homosexuels ont été mariés et sont divorcés. Il n'existe pas de chiffres sur les divorcés homosexuels, mais on estime aux États-Unis que parmi les homosexuels, un homme sur cinq et une femme sur quatre sont des «ex» (chiffre cité dans *The divorce experience*).

4. Leslie Aldridge Westoff: *The second time around: remarriage in America*, The Viking Press, New York, 1977.

5. *La Constellation familiale: l'enfant unique, aînés, cadets, benjamins. La famille nombreuse, les jumeaux...* par Jacqueline Dana, Éditions Robert Laffont, 1978 (collection «Réponses»).

6. «Le divorce et les Français — II: L'expérience des divorcés», Travaux et Documents de l'I.N.E.D., cahier n° 72, P.U.F.

7. J. MacCarthy, «A comparison of the dissolution of first and second marriages», *Demography*, n° 15, 1978.

XI
LE TEMPS DES CHOIX

1. «Quand vient l'âge du choix. Enquête auprès des jeunes de 18 à 25 ans: emploi, résidence, mariage», par Catherine Gokalp, *Travaux et Documents,* cahier n⁰ 95, Institut National d'Études démographiques, P.U.F.

2. «Les nouveaux enfants naturels et leurs parents», par Jean-Claude Deville et Edmonde Naulleau, *Économie et Statistiques*, n⁰ 145, juin 1982.

3. Les divorcés eux-mêmes se sentent un peu exclus de la société classique. Ils commencent à s'organiser en associations d'entraide ou de soutien psychologique, un peu sur le modèle des Alcooliques anonymes.

4. Rapport du groupe de travail «Prospective de la famille», Commissariat général au Plan, La Documentation française, 1981.

Bibliographie

EN FRANÇAIS

ALBERONI Francesco, *Le choc amoureux,* Ramsay, 1980.

ARBOIS Janick et SCHIDLOW Joshka, *La vraie vie des Français*, éditions du Seuil, 1978. ("Actuels")

BAILLON Denis, COSTECALDE Nelly, GODIN Georges, MUNOZ PEREZ Brigitte, *Le divorce en France,* tomes I et II, Institut national de la statistique et des études économiques, 1981.

BOIGEOL Anne, COMMAILLE Jacques, LAMY Marie-Laurence, MONNIER Alain, ROUSSEL Louis, *Le divorce et les Français*, cahier n⁰ 69 de l'I.N.E.D., Presses universitaires de France, 1974.

COLAS Émile, *Les causes de divorce*, éditions Aquila, 1975.

COLAS Émile, *Le procès de divorce*, éditions Aquila, 1975.

COMMAILLE Jacques, *Le divorce en France*, La Documentation française, 2e édition, 1980.

CRESSANGES Jeanne, *Les chagrins d'amour*, Grasset, 1976.

DANA Jacqueline, *La constellation familiale*, Robert Laffont, 1978.

DE CLOSETS François, *Toujours plus*, Grasset, 1982.

FLANDRIN Jean-Louis, *Familles, parenté, maison, sexualité dans l'ancienne société*, Hachette, 1976.

GALPER Miriam, *Le guide pour parents séparés ou divorcés*, éditions Quebecor, 1979.

GARDNER Richard A., *Les enfants et le divorce*, Ramsay, 1977.

GOKALP Catherine, *Quand vient l'âge des choix*, cahier n⁰ 95 de l'I.N.E.D., 1981.

GORNY Violette, *Le Divorce en 10 leçons*, Le livre de poche, Hachette, 1975.

LEVY Michel-Louis, *La population de la France des années 1980*, Hatier, 1982.

LUPIEN Michel, *La pension alimentaire*, publié à compte d'auteur, 1977.

MINUCHIN Salvador, DELARGE Jean-Pierre, *Familles en thérapie*, 1979.

ROUSSEL Louis, *L'expérience des divorcés*, cahier n⁰ 72 de l'I.N.E.D., Presses universitaires de France, 1975.

ROUSSEL Louis et BOURGUIGNON Odile, *Générations nouvelles et mariage traditionnel*, cahier n⁰ 86 de l'I.N.E.D., 1978.

ROUSSEL Louis, *La famille après le mariage des enfants*, cahier n⁰ 78 de l'I.N.E.D., Presses universitaires de France, 1976.

SHEEHY Gail, *Passages*, Belfond, 1977.

SHELTON Danielle et BISAILLON Claude, *Comment divorcer sans avocat*, éditions Stanké, 1980.

TOFFLER Alvin, *Le choc du futur*, Denoël, 1970.

EN ANGLAIS

ADAM John and Nancy, *Divorce, how and when to let go*, Prentice Hall, 1979.

BERGLER Edmund, *Divorce won't help*, Liveright Publishing Corporation, New York, 1978.

GARDNER Richard A., *The Parents book about divorce, The Boys and Girls book about divorce*, Doubleday, 1977.

HUNT Morton and Bernice, *The divorce experience*, Signet, 1979.

KRANTZLER Mel, *The creative divorce*, Signet, 1975.

MOFFETT Robert, SHERER Jack, *Dealing with divorce*, Little Brown and Compagy, 1976.

PEACOCK Donald, *Listen to their tears*, Douglas & McIntyre, 1982.

ROOSEVELT Ruth, LOFAS Jeannette, *Living in step*, McGraw-Hill Paperbacks, 1977.

Table des matières